白鷹
力弥

聖と性 私のほんとうの話

まりてん

講談社

Contents 01

Ⅰ 反逆者 …… 10

Ⅱ 答え合わせ …… 29

Ⅲ デリヘル嬢まりな …… 49

Ⅳ 東京へ …… 71

Contents ………… 02

Ⅴ まりな店長 ………… 90

Ⅵ 転　落 ………… 125

Ⅶ 再　起 ………… 145

Ⅷ 私って何者？ ………… 159

あのかたが罪人であるかどうか、わたしは知りません。
ただ一つのことだけ知っています。
わたしは盲目であったが、今は見えるということです。
（新約聖書　ヨハネによる福音書）

I 反逆者

突然の不幸

私が生まれ育ったのは愛知県の三河のあたりです。

父はゼネコンの社員で、母は看護師をしていました。母はのほほんとした性格で面倒見がいいというか、看護師という職業柄もあるのかよく人助けをする人でした。

父は仕事の関係の友人も多く、かなり頻繁に旅行に行ったり遊びに行っていました。キャンプだったり、バーベキュー、スキーとか、ディズニーランドにもよく連れていってもらいました。わりと裕福で、どこにでもあるようなごく普通の穏やかな家庭だったと思います。

父の仲の良い四人とその家族五グループぐらいで、それぞれの家族で車を一台ずつ出して、季節ごとにレジャーに出かけたり。年末はその五グループで忘年会をしたり、イベント好きな楽しい家族でした。

私が長女で、三つ下に妹がいます。私が小学校三年生のときに、もう一人、末の妹が生まれたのですが、出産後数ヵ月で亡くなってしまいました。理由はよく覚えていませんが、本当に生まれてすぐに亡くなったので、一緒に過ごした思い出はさほどありません。

ただ覚えているのは、私はその当時、絵を描くのが得意で、夏休みの絵のコンテストか何かで賞をもらったのです。その賞の副賞が近所のご飯屋さんの招待券で、それを使って家族全員で食事に行った帰り道に亡くなりました。

家族みんなで車に乗っていて、母が「赤ちゃんが息をしていない」と気づいたのです。そこからすぐに救急車を呼んで、病院に向かったのですが、もうこと切れていました。そのとき、病院で苦しそうに泣く両親を見て、「時間を巻き戻してほしい。それが難しいのであれば、せめて早く父と母の悲しみが過ぎ去ってほしい」と子どもながらに願った記憶があります。

聖書の呪縛

この出来事から、私たち家族は徐々に変わっていきます。

母が、末の妹を失った悲しみで、新興宗教に入信したのです。もともと関心はあったようなのですが、妹の早すぎる死が母の入信を決めました。

その新興宗教はキリスト教系で「新約聖書」をベースにはしていましたが、独自の教義が多くありました。現世の人間は皆サタンの影響を受けており、信者以外と深い関わりをもってはいけない、神が創造したもの以外のすべての偶像崇拝を禁止する、そして血を避ける、つまり輸血を拒否するといったものです。いまの私からはまったく外れてますが、性行為はもちろん、自慰も禁じられています。結婚は信者同士で結ばれるものであり、婚前の自由な男女交際も禁止です。

教団の死生観として、「死者の復活」がありました。

信仰を持ち、教えに従えば、死後は楽園へ行ける、復活できるというものです。三女を亡くした母にとって、その教えが心の拠りどころになっていたのはいまとなっては理解ができます。家族全員がこの世の先の「楽園」で再会できることを期待して、私や妹が信仰の道を外れぬよう熱心だったことも納得がいきます。

制約だらけの日々

母の入信にともない、小学生だった私と妹は母に連れられて、信者が集まる集会に参加するようになりました。

集会は平日の夜に二回、日曜日は昼にあり、一回あたり二時間程度。この時間的な拘束も子どもながらに辛いものがありました。しかし、それ以上に辛かったのが、日常や学校生活での禁止事項の多さです。

誕生日にお祝いをする、クリスマス、ハロウィン、新年のお祝い、七夕、節分、ひな祭りなどは、反聖書的であり、異教の慣習でもあるから禁止です。「あけましておめでとう」も言えないし、年賀状も出せません。偶像崇拝禁止ですから、キャラクターも好きになってはいけません。私の子どものときは、ポケモン（ポケットモンスター）が流行っていたのですが、当たり前のように禁止でした。神が創造したものではないからです。

その新興宗教の教義は教義としてあるのですが、集会で地域の長老のような存在の人が、現代風に落とし込んでいくのです。そこで「キャラクターも禁止事項に含まれます」と決まるわけです。

こういったローカルルールは、エリアや年代で違っていたようです。私より上の世代の印象だと、体罰が当たり前で、お尻をムチで叩かれたりしたそうです。ただ、それが世間で知られるようになって、私たちのころには体罰は禁止となっていました。

かつては体罰が存在した一方で、戦いは禁止です。戦争は禁止、戦闘行為も禁止、乱暴な言葉遣いもダメ。

運動会にも出られませんでした。紅白対抗戦や騎馬戦が戦闘行為にあたるからです。さらに、聖書に記された神だけを崇拝する「唯一神」という教えから、国旗敬礼や「君が代」を歌うことも禁じられています。そのため、学校行事のほとんどで他の生徒と同じ行動を取ることができませんでした。

小学校六年生のときの修学旅行で京都・奈良へ行ったのですが、そのときも観光はできずに一人でバス待機。神社・仏閣に足を踏み入れることは禁止だからです。異教のものですから。

教義にある「輸血禁止」で苦しんだこともあります。小学生のころ、夜中に急にお腹が痛くなり、病院に行き盲腸だとわかりました。しかし、手術が受けられなかったのです。輸血を了承する旨の書類に親がサインをしないと病院は手術ができません。仕方なく、薬でどうにか散らして治るのを待ちました。

サタン

私にとってもっとも苦痛だったのが、仲が良かった友達と距離を置かなければならないことでした。もともと私は学校が大好きで、友達と過ごす時間がとても心地よかったのですが、信者以外の世の中の人々は「サタン」の影響を受けているという教義ですから、距離を取らなければなりません。母は私が学校の友達と仲良くすることに対して、いい顔をしませんでした。それがどうにも受け入れられなくて、私はその新興宗教を素直に信じることはできませんでした。

制約の多い日々を過ごしていたので、何となく友達にも私の家が入信していることは知られていきました。学校でも、末の妹が死んだあとの三者面談で親が先生に説明していましたから、運動会の練習だとか修学旅行の際など、事あるごとに「宗教上の理由から制約がありますのでお願いします」といった手紙のやり取りが親と先生の間であるわけです。先生はやはり私の扱いをナーバスに意識してました。宗教となるとかなり個人的でセンシティブですから、先生も注意して「この子は別」「この子は別」と接してくるので、自然と友達も気がつきます。

私にとってタイミングが悪かったのは、世間的にはオウム真理教の一連の事件の記憶が生々しく残っている時期だったので、「宗教」イコール「怖い」というイメージがあったことです。

それもあって友達たちとギクシャクすることはあっても、私にとって大切なのは、教義よりも友達との関係だったので、なるべく友達たちの輪の中にいられるように、私は染まっていないと伝えるようになっていきました。教義では禁止されていた誕生日会も友達の家でこっそり開いてもらったりしながら、母親からの見え方と学校の友達との付き合い、それぞれのバランスを取るように生活をしていました。

家庭崩壊は免れた

父はその新興宗教に入信しませんでした。母と私たち娘が入信した当初は家庭の中もなんとなく揉めているような空気感がありました。しょっちゅうレジャーに行っていた父の友人のグループとも私たち母娘は疎遠になっていきましたし、亡くなった末の妹のお墓参りにも、もともとの父の家系のお墓には異教ということで家族そろっては行けなくなってしまったので、父方のお祖母ちゃんは「それって何なん？」と納得していない様子でした。

そんなふうに、やっぱり家の中がギクシャクしてるっぽいなというのを、子どもながらに感じ取っていました。しかしある日、お父さんの書斎に入って本棚を見ていたら、「キリスト教の人と一緒に住むには」とか、「キリスト教の人と共生するには」といったハウツー本を見つけました。やっぱり父は母が好きなのだなと思いました。

父は父で、信者の母と共存するためにいろいろと模索していました。そのあともいまに至るまで離婚はしていませんし、別居もせずにずっと一緒に暮らしています。

私もいまとなっては、妹の死に母が絶望して心を病んでしまったり、自ら命を落とすような不幸が訪れるよりは、宗教が心の拠りどころとなることで生きていてくれたのであれば、まだ良かったのではないかと考えています。

数年前、旧統一教会が話題になったときに、高額の献金で家族が経済的に崩壊するという悲劇が報じられましたが、私たちが入っていた教団ではそういった寄付のようなものはほとんどなかったように思います。

聖書や冊子は無料で配布されました。ただ、そうした施しを受けるときにはなんとなく

「気持ち」を払ってはいたようです。ただそれも、一回あたり一〇〇〇円とか二〇〇〇円程度。だから会費などをおさめるために母がお金を必死になって工面するというのは見たことがありません。

固まった違和感

私が小学生のころは、母は私がその宗教を嫌がっているとは感じてなかったようです。集会にはついていくし、そこはまだ子どもなので、親に従うというのは当たり前のことではありましたから。

ただ、中学生になり、学校生活の比重が大きくなっていくにつれて、私はその宗教から離れていきました。何かと理由をつけて集会を休みはじめたのです。

母は、教義を教えられた側の人間は、それを学び続けて守って生きていかなければ、終わりの日（人生の最期）が来たときに楽園に行けなくなる、復活できなくなるという教えを信じていました。だから、母としては、家族みんなで復活をするために、どうしても嫌がる私を連れていかなければという意識が強く、引きずられるように集会に連れていかれていました。そんな毎日だったので、家の中では私もピリピリしていました。一般の反抗期とはちょっと違う刺々《とげとげ》しさがあったと思います。学校から帰ると、バーンッと扉を閉めて、自分の部屋に引きこもるみたいな。

母は私と向き合おうとしていないように感じました。信心のせいなのか、私が反抗して壁に穴を開けてもドアをたたきつけるようにあてつけがましく閉めても無反応です。宗教の教えで、母は私に対してそんなに勉強しないでいい、がんばらなくていい、という姿勢でしたから、いくら反抗しても「うんうんそれでいいんだよ」と会話が成立しないんです。ほんとうはもっといろいろと言いたいことや文句があったはずなのに、「いいんだよいいんだよ」と、まるで家の中にマザー・テレサがいるみたいな感覚でした。

ただ、父は普通に怒っていました。仕事の関係でめったに家にいない父ですが、私の反抗的な感情をぶつけて反応してくれる人は父だけでした。

とはいえ、私から母に真正面から「宗教から離れたい」「集会に行きたくない」と伝えることはできませんでした。母が私を信者にしたい理由が愛情からだと気づいていたからです。

学校の友達に心を開いていたかというとそうではなく、周りに合わせよう合わせようとしていましたから、私自身はいま思えば孤独でした。家ではもちろん、学校でも自分の心の中のドロッとした本音を吐き出す相手はいなかったような気がします。

そんな私が、宗教に対してはじめて大きく反抗したのは、中学での柔道の授業です。柔道は戦いですからもちろん宗教的には禁止です。ただ、小学校から中学校に変わって、宗教のことも極力知られたくなかった私は、柔道の授業を休みたくありませんでした。

母は学校に対して「柔道の授業には出させないでください」という手紙を私にもたせましたが、私はその手紙を捨てました。母に柔道着を買ってもらうことはできなかったので、お小遣いを貯めてつくった貯金を握りしめ、学内で販売されていた柔道着をひそかに購入しました。そして、私は禁を破って柔道の授業に出たのです。柔道の授業中、一歩踏み出せた嬉しさと興奮でドキドキが止まらなかったことを覚えています。

ところが持ち帰った柔道着をしまう場所がありません。考えた末、自分の部屋にある学習机に一個だけ鍵をかけられる引き出しがあったので、その引き出しに柔道着を入れて保管することにしました。鍵は常に持ち歩き、引き出しの中がバレないように気をつけました。聖書や教団の冊子であふれた我が家の中で、その隠された柔道着だけが、私の意志を後押ししてくれているようでした。

私の違和感は固まっていきました。

その宗教が唱える「正しい人間の生き方」、聖書の世界観は綺麗事でしかなく、人間はもっと欲望に忠実で愚かな存在ではないのか、外の世界に住む人たち、「サタン」こそが本来の人間なのではないか、そういう考えが私を支配していきました。

私は「サタン」になりたい、教義への反逆者として世の中を見たいと願うようになっていました。

大学時代、逆ナンパ師をしていました。
どうすれば最短ルートで連れ込めるかを日々研究し、
ついたあだ名は釣り師を通り越して「地引き網」。

会社員になってからは、山手線全駅にセフレを作ることを目標とし、
引き続きストリートで精力的に活動を続けました。
これが現在のまりてんのルーツです。

Ⅱ 答え合わせ

普通の女子高生になりたい

高校は、地元の三河から少し離れた、名古屋の中心部のほうに進学しました。親からは、地元の三河の公立高校を受けるようにしつこく言われましたが、そうすると新興宗教の集会で顔を合わせた人たちと同じ学校になる確率が上がります。それがどうしても嫌で、通学に片道一時間半かかる高校に進みました。

三河から名古屋のほうに進むのを受け入れている高校が三校あり、その中で一番偏差値が高いところに合格しました。親に認めさせるために少しでも高い学力の高校に受かりたかったのです。

自宅から自転車で三〇分かけて駅に行って、三〇分電車に乗って、そこからまた三〇分、高校の最寄りの駅に置いてあった自転車に乗って毎日通いました。

地元から離れての高校生活は、解放感がありました。末の妹が亡くなってから、偶像崇拝禁止のためにほかのみんなが歌っているような流行りの曲は歌いにくくなっていましたが、ここでは気にしなくていいのですから。私の小学校時代はモーニング娘。が絶頂期でしたが、当然自宅では音楽を聴くことも許されませんでした。

とにかく「普通」になりたい、女子高生として「普通」に日々をみんなと楽しみたい、それが切実な想いでした。

はじめての恋愛

念願だった部活にも入りました。サッカー部のマネージャーです。その同じ部の男子とお付き合いもはじめました。中学のときにも男友達はいたのですが、「付き合い」に発展するようなことはなく、まだ幼かったということもありますが、やはり母や周囲の信者の目は気にしていたと思います。

初体験の相手も、その男の子でした。高校二年のときです。原則的には同じ部活の中で恋愛はしちゃいけないのですが、そこはそれ、思春期の盛りですから、とくに周囲からとがめられることもなく、付き合い続けていました。

このはじめての彼氏は、私の孤独を癒やしてくれる最初の存在でした。女の子の友達はいっぱいいましたが、そうした友人グループにいるときには中学時代と変わらずに同調していましたので、心の奥底のドロッとした感情をさらけだせるはじめての相手だったように思います。友達に対しては、そこまで深い感情が乗らない、共感したり同調したりというレベルでした。

恋愛相手というのは一対一の関係性で、束縛や嫉妬といった「邪《よこしま》」で汚い感情も生まれますから、どす黒いものをぶつけることができる。そういう関係のほうが友達との関係よりも重い、と感じることができました。

その彼氏との恋愛で、当時は孤独から解放されたように思います。その彼といるときだけ普通でいられる、サタンとして生きられる、そんな安心感がありました。

土日も部活の試合があったりして、学校に行くことが多く、地元から離れることで、宗教と離れた生活を楽しんでいました。この「普通」の幸せな日々を送り続けたいとの想いはますます強くなりました。

「からっぽ」

大学は、静岡県の浜松にある公立大学のデザイン学部に進みました。

末の妹が亡くなったのも絵のコンクールに入賞したお祝いのときでしたが、それからも絵を描くことはずっと好きでした。周囲からの勧めもあり、美大受験を考えて高校二年生のころから美術予備校に通いはじめるのですが、そこで自分が「からっぽ」であることに気づかされました。

自分の内からあふれ出す創作意欲みたいなものがまるでなく、なにかを表現したいとか、そもそも自分からもっとこれをやりたい、あれをやりたいという熱がなかったのです。とにかく周りに合わせせる、「普通」になる、友達や仲間とのコミュニティに居続けたいというモチベーションが強すぎて、自分の個性は後回しでした。

芸術作品自体は好きだったのですが、自分が個性あふれるアーティストになれるとは到底思えませんでした。

一方で、周囲の人と一緒にいるために、誰かのほしいものを察知して創り出すとか、周囲の人たちとコミュニケーションをとるために必要なことを見つけ出して実行するとか、そういう勘は磨かれていたようです。

クライアントなり、周囲からの要望に応じて対応するデザイン業なら、そんな自分にもできるのではないかと、そんな思いからデザイン学部を受験して、入学したのです。

もちろん、家からできるだけ遠くに行きたいという想いは強まっていました。

とはいえ、大学入学の時点で東京に行くというのは、ちょっと考えられませんでした。周囲の友達は、中京圏に進学する人が多く、私もまだ「東京は怖い」という先入観がありました。いま思えば、このタイミングで上京したほうがその後の人生ではメリットがあった気もするのですが、やはり親は私を一人で東京に送り出すことを認める雰囲気ではなかったです。

浜松は静岡の西の端ですから、新幹線を使えば自宅からの通学は一応可能でした。だから私にとっては最善の選択。現実的に家からもっとも離れられる大学に入学することができたのです。

一人暮らし

入学後、自宅から通いはじめたのですが、なにしろそのデザイン学部は課題が多く、とくに一年生は忙しすぎて、終電の新幹線で帰宅して、始発の新幹線で学校に行くような日が続きました。さすがにこれは大変だということで、一年生の夏休みが終わるころには一人暮らしをはじめました。

このころ、母は私が実家から離れたがっていることに感づいているようでしたが、一人暮らしをはじめることにそこまで抵抗はなかったようです。それは、私の中学時代からのじりじりとした抵抗の効果ももちろんあったと思うのですが、そのころには母自身、三女を亡くした傷も癒えはじめ、教団の教えに対する執着が当初よりは穏やかになったこともありました。

ただ、信仰以前に心配性なので、一人暮らしは大丈夫なのか、気をもんでいるようでした。とはいえ、その大学の学生は七割くらいが県外から来ていて、下宿して一人暮らしをしている学生が大勢いたので、「あの子もこの子もいるんだね、じゃあまあいいか」と、納得したようです。

父は、とくに何も言いませんでした。もともとあまり干渉するタイプでもなかったので。それにそもそも、父はゼネコンで現場を任されて、よく海外出張に行ったりしていて、家にいなかったという事情もあります。

遊び人

一人暮らしをはじめて、一年生の秋くらいからサークルの飲み会なんかに参加するようになりました。学内のスポーツサークルをはじめ、近隣大学との合同サークルの飲み会にも顔を出すようになりました。そこで少しずつ、持ち帰ったり、持ち帰られたり、私の男性遊びがはじまります。

高校時代から付き合っていた彼氏とは、ちょうど一人暮らしをはじめたくらいに別れました。それまでは浮気もすることなく純粋なお付き合いを続けていたのですが、向こうは名古屋の大学に進んで、物理的に会う時間をつくりづらくなり、お互い納得というか、「もう無理じゃない？」「たしかに」みたいな感じで消滅しました。

この彼氏は、からっぽな自分を救ってくれたはじめての存在でした。家族のなかで自分は異端者でしたから、居場所もなかった。母親は聖書の価値観のなかでしか私を認識しようとしなかったので、幼少期はだれからも見てもらえていない気がしていました。自分の信念やなにかに対する執着もなく、地に足がついていない「からっぽ」の状態が長く続いていたのをこの彼氏のおかげでまぎらわすことができていました。私は彼に依存していました。

いま思えば、セックスをしている時間だけはほかのだれかにちゃんと見てもらえている気がしていました。その時間だけは、相手の男性が自分をまっすぐに見て、反応をくれる。その瞬間だけは自分以外の他者である相手の人生の一部になれた気がして、安心感を得て、心の平穏を保つことができたのです。だから彼氏と別れて、セックスがない日々が続くと孤独感を強めていき、安心感を得るための手段としてセックスを繰り返す「遊び人」となっていったのです。

その後、二年生になり、お酒も普通に飲むようになってから、私の男性遊びは加速しました。学内の後輩の男の子に手を出したら、その子には同期の彼女がいて、私が学内を歩くとザワザワ……となる、みたいなことを数多くやらかしました。

そうやって派手に遊んでいると、次から次へと男の子が寄ってくるみたいに思われるかもしれませんが、私の通っていた大学は女子学生のほうが圧倒的に多くて、女子と男子の比率が15：1くらいでしたし、その少ない男子も「草食系」だったので、学内で徐々に悪目立ちをしていきます。

具体的には数えていませんが、大学入学時には一人だった経験人数も、二年生が終わるころには三〇人を超えていました。このスピード出世ならぬスピード遊び人化は、厳しい実家を離れた反動が強かったようにも思います。

夜の街で逆ナンパ

学内での男性遊びは潮時かなと思っていたときに、バイト先で悪友に出会います。

学生時代はいろいろとバイトもしていました。大型ショッピングモールで靴の販売員をしたり、飲食店のホールスタッフをしたり。バイト先で出会った男性と付き合うこともありましたが、すぐに別れてしまい、安定しない異性関係が続きました。

大学三年生の春から、ビジネスホテルのフロントのバイトをはじめました。そこには高卒で就職をした、私よりも一つ年下の社員の女の子がいて、その子とすごく仲良くなったのです。その子は社員なので私よりも自由になるお金が多く、遊び慣れていて、普段から夜な夜な飲み歩いていました。

自然と私もその子にくっついて遊びまわるようになりました。一緒に少し露出が多い恰好をして街を歩き、声をかけてきた男性グループに付いていき、途中で二手に分かれてお互いにラブホテルに連れ込んだり、連れ込まれたり……。大学で持ち帰れそうな男子は一周してしまっていたので、遊び人としてのフィールドを広げるには絶好のパートナーでした。

関係を持つ相手は、本当に誰でも良かったのです。そもそも私には、好きな男性のタイプってものがありませんでした。年齢も体型も、顔も性格も、何でもよかった。やっぱりそこでも自分は「からっぽ」で、自分から誰かを選ぶことはできない。好きなアイドルとか映画俳優とかも、周りの友達が好きだというのにただ合わせているだけで、自分自身はからっぽで、本当に何もないのです。

ガツガツいって貸しをつくらせる

飲み屋街で悪友とナンパ待ちを繰り返していた私ですが、徐々に一人でもナンパ待ちをするようになります。そして、次第に待っているだけでは効率が悪いからと、自ら男性に声をかけるようになっていきました。

私の「逆ナンパ師」活動のはじまりです。

逆ナンパをはじめたのは、ナンパをしてくるようなガツガツした積極的な男性に飽きてきてしまったこともあります。そのころの私は、もっといろいろなタイプの男性と関係を持ちたいと思っていました。

逆ナンパでは普段女性遊びをしなさそうな男性ばかりを狙っていたので、たまに怖がられたりもして。それでも、逆ナンパはほぼ成功していました。だいたい九割くらいの確率です。その日のうちに連れ込むことが難しくても、日を改めてもう一度声をかければまずいけました。

そうこうするうちに、私の声のかけ方も磨かれていき、その道の「プロ」でもやっていけるくらいの成功率とスムーズさで連れ込めるようになりました。逆ナン師にプロがあるのか、そもそもプロが成立するかどうかはわかりませんが。

コツは「早めにナメられる」こと。プレイではなく、人間として、です。

自分をなるべくさらけ出して、早めに「底」を見せる。その点で役に立ったのが学生証です。大学生、しかも地域ではある程度名の通った公立大学だったので、社会人の男性でも「ああ、あそこの学生か」と警戒心も薄くなる。

声のかけ方はいろいろなパターンがあるのですが、たとえば雨の日。傘をさして歩いている男性に近づいていき、勝手にその人の傘に入っちゃって、「めちゃくちゃ濡れちゃって……そこのコンビニまで入れていってもらえませんか？」と声をかけます。コンビニまで一緒に歩きながら、○○大の学生で……○○に住んでいて……と自分の身分を明かします。そして、そのコンビニで傘をおねだりして買ってもらって、「この近くなんですか？住んでるの」みたいな会話からその人の家までついていったり。傘に入れてもらう、傘を買ってもらう、それの見返りと考えれば奥手の相手でもお持ち帰りのハードルが下がります。

あとは、よくスーパーマーケットのアイス売り場でナンパをしていました。郊外だと二四時間営業のスーパーがけっこうあるのですが、そこで夜中にアイスを買っているサラリーマンの男性を狙います。夜中のスーパーでアイスを買おうとするのは、だいたい飲み会の帰りで、近所に住んでいる人なので、そのまま相手の家に行ける確率が高いのです。様子を見ながら声をかけ、可能なら自分の分のアイスをおねだりして買ってもらい、「一緒に食べよう」と言って、ついていきます。

ここでも、少額のものをおねだりして、少し甘えるというか、相手が私に対して貸しをつくったような気分にさせるのがポイントです。その貸しのお返しに、どうですか？　みたいな感じで自然な流れをつくり出します。

そういったシーンで、私は自分の逆ナンパ師としての戦略的な部分や相手を落としてやろうというような攻撃性を消すことが得意でした。相手の話し方とか声のトーンに瞬時に合わせて、敵ではないことを表現したり。そのうえで、姿勢や会話を通して、ナメられやすいポジション取りをするのに長けていたのだと思います。男性からするとナメる、相手を下に見ることで連れていってヤッちゃってもいいな、と思えるようになるものですから。

人間なんて、そんなもん

人生ではじめて夢中になれたのが「逆ナンパ」でした。いけるときは一日三回ローテーションくらいで男の人に声をかけ、関係をもっていきました。

逆ナンにはまっていたのは、私にとっての「答え合わせ」の一面がありました。

サタンの影響を受けている世の人たちとは関わってはいけないという教義のもと生活をしてきた幼少期。世の中の人たちがどうやって生きているのか、何を考えているのか、ずっと知りたかったし、探し続けていました。

私は行為自体ではなく、行為後のピロートークが好きでした。一回行為をし終えた相手とベッドで緊張感なく話をする瞬間吐き出されるドロッとした毒にこそ、本来の「人間らしさ」が詰まっている気がしたのです。

ピロートークでは、男性はかっこつけたり強がらずに、いろいろな部分をさらけ出してくれます。そういったドロッとした本音をたくさん聞きたいがために、逆ナンして、不特定多数の人と関係をもちました。

人の心の奥底の声を聞きたいという願望は、やはり聖書への不信感からきたものです。聖書に書かれているように、汚れなく、器用に、人間は生きられるのか、そんなはずはない、人間はもっと不器用で泥臭い生き物じゃないのか。

隣人をみな愛せよ、裏切られても許して、真の清廉潔白であれ――、そんなバカな、そんなことはないだろう。

それに、神様はいつもあなたたちを見ています、という説教が私にとっては無性に怖くて、呪いに近いものだとさえ感じていました。いつも監視されてどこにも逃げられない、ウソもつけない、そんなしんどい生き方をしなければならないのか。

だから逆ナンは、私にとっての答え合わせ。

人は誰しも聖人のようには生きられない。でも、それを証明できない。だからいろんな人の心の秘められた叫びを聞きだすことによって、いろんなサンプリングをすることで、「やっぱそうじゃん、人間なんてそんなもんじゃん」、と自分の中で落とし込みたかった。人間らしさに触れられた瞬間、私はものすごく気持ち良くなる。

ああ、私、母の信仰を裏切って脱出してきても良かったんだっていう、自己肯定につながるのが気持ち良かったのかもしれません。

それともうひとつ、私は孤独に耐えられない人間なんだと思います。一人暮らしをはじめて、反発していた親元からは離れたのですが、一人で生きる、自分のやりたいように生きるというのは考えられませんでした。高校時代から付き合っていた彼氏と別れたのも逆ナンにハマっていた背景にはあると思います。自分自身の色のない、信念もない、からっぽな人間でしたから。信念のある人は孤独でも強く生きていけるのでしょうが、私にはありませんでした。だから「答え合わせ」の楽しさもありつつ、だれかと心の底で通じ合う時間に居心地の良さを感じていたんだと思います。

絶世の美女でもなく。キャパも狭く口内発射NG。お客様からの告白回数ゼロ。

それで何故予約が入るのか……。

人より休まないからです。 寝ないで、遊ばないで、その分すべてを風俗に注いでいるから。

粘り強いです。 心の鎧を脱がせることに関しては、非常にしつこいと思う（笑）。

あとすごく運がいい。

III デリヘル嬢まりな

裸と裸のお仕事だからこそ、
結局すべて透けて見える。

お客様って全然バカじゃないから。
「奪いたい」「使いたい」といった
いやしい気持ちはすぐにバレる。
小手先のテクニックでは、決してカバーできないと思う。

何を与えられるか。
どう向き合えるか。
心の奥底で考えれば、ちゃんと伝わる。

制作会社に内定

大学四年生の春、東京の広告制作会社に就職が決まりました。

就職活動が終わった後も、相も変わらず私は逆ナンを続けていました。そんなある日、秋口くらいに、夜遊びの「悪友」だった女の子が「ねえ、聞いて。内緒なんだけど……私デリヘルはじめたんだ」と伝えてきました。そのころの私にとって、風俗業界はまったく知らない世界だったので、最初は「え？　そんなの絶対危ないよ」と反対していました。ただ、そうは言いながらも内心では興味津々で、その悪友の話を聞くうちに「おもしろいね、なんかおもしろそう」と、私もその世界が気になりだしたのです。

それで一二月から、その子と同じデリヘル店で働きだしました。すでに就職は決まっていたし、三ヵ月後には上京することが決まっていたので、学生生活で最後のちょっとした裏社会見学のノリでした。明らかな好奇心です。

説明不要かもしれませんが、デリヘルというのは「デリバリー・ヘルス」の略。お客様のご自宅やホテルに女性を派遣して性的なサービスを行う風俗業です。性的サービスといっても、本番行為（セックス）はNGです。

お店をかまえてお客様に来店してもらいサービスをする店舗型風俗は、風営法によって深夜二四時までの営業と決められていますが、デリヘルは二四時間営業可能で、サービスをする個室を用意する必要もないため、私がはじめた二〇一〇年代には地方都市にも数十店舗あるくらい風俗サービスの主流になっていました。

講習でのある事件

私が入店したお店は本当に規模の小さいお店で、男性スタッフも二人のみ。その二人が送迎ドライバーをしながら、電話が鳴るたびに車を路肩に停め、お客様からの予約を取るようなお店でした。

入店するときに、男性スタッフの一人から講習を受けました。講習といっても、面接も兼ねて普通に飲みに行き、そのままホテルに行って、「はい、講習」って、適当なものでした。プライベートでは男性が先に入室している部屋に後から女性が向かうなんてことはまずないので、「ホテルに入るときには、受付に部屋番号を言うんだよ」といった初歩的な作法を教えてくれて。それから部屋に入って「お客様の靴を揃えてね」「お客様にコース時間を確認したらお店に電話をかけて、タイマーをスタートさせるんだよ」など、基本的な流れを習いました。

ところが、浴室で「(お客様の)体はこうやって洗うよ」と言われ、ふとその男性スタッフの背中を見たら、入っていたんです……刺青が……和彫り系の。

それまで逆ナンで数は積んでいましたが、危なそうな人には手を出していなかったので、はじめてそんな立派な和彫りを見たこともあり、さすがに「オオッ」っと、びっくりしました。「ああ、ヤバい人なんだろうな、ヤバい店だったんだな」なんて思いながらも、講習を最後まで受けました。

そのときははじめてのデリヘルだったのでそんなもんなのかなと思ってましたが、その数年後に東京のデリヘルで働きはじめて、風俗業界にもくわしくなると、デリヘルでの講習はほとんど行われないことを知りました。実技講習となると密室ですし、女の子がスタッフに手を出されたなどとクレームにつながるケースが多いからです。最近では口頭での説明やＤＶＤや漫画を用いての説明が主流です。

源氏名まりな

私の風俗嬢としての源氏名は「まりな」です。後に店長を務めるようになって「まりてん」と呼ばれはじめ、現在は「まりてん」の名で活動していますが、この「まりてん」も、そもそも「まりな店長」の略なのです。

「まりな」は、最初に働きはじめたそのデリヘル店でつけられました。面接のときに「源氏名、何がいい?」と聞かれたのですが、「何でもいいです。お任せします!」と答えたら、初出勤日にそのお店のサイトで「まりな」として在籍が載っていました。

自分で希望を伝えるのも何だか恥ずかしくて、私の自我を表に出すより、スタッフさんにつけてもらったほうがうまくいくのではないかと思ったのです。

ところが、最初にサイト上で「まりな」の名が自分についているのを見たときは、自分的には古いというか落ち着きすぎている印象があって、大人っぽすぎて「嫌だなぁ」と思いました。

その後何年も使う名前になるとは、そのときは思ってもいませんでした。

はじめての本指名客

初出勤の日は、人生ではじめてくらいに緊張していました。友達が先に働いているとはいえ、未経験の私にとっては風俗は怖いところというイメージもあり、「ヤバいお客様に当たってしまったらどうしよう……」と不安もありました。

一人目のお客様のことはいまでもよく覚えています。四〇代後半くらいの、その辺にいそうなごく普通のサラリーマン風なお客様でした。私が緊張しすぎてお店への入室連絡を忘れていたら「このタイミングでお店に電話をするんだよ」と優しく教えてくれて、「デリヘル、意外と怖くないじゃん！」と思ったのですが、いま考えるとお店が未経験の女の子を辞めさせないためにも、一日目はちゃんとどういう人か把握している、危なくない常連さんをつけてくれていたのだと思います。

その後、二本目（二人目）に入ったお客様が、その日のラストの枠にもう一度、予約を入れて会いに来てくれました。二人目のその方も、一人目のお客様同様にお店の常連さんのような雰囲気で、「今後（まりなちゃんは）人気が出るだろうから、僕がはじめての本指（本指名）になってあげるよ」みたいなテンションでした。

出勤初日、デリヘル嬢デビューの日に本指名のお客様がついたというのはいま思い返してもびっくりですし、恵まれていたと思います。

風俗で働く女性にとって本指名のお客様（二回目以降のリピーター）はとても大切な存在です。とくに新規のお客様がつきやすい新人期間に、いかに本指名のお客様をたくさん返せる（リピートしてもらう）かが重要です。

新人期間が終わっても本指名のお客様がつかないままだと、売り上げを上げることがとたんに難しくなります。本指名の返し具合でお店のスタッフさんもその子がお店としてお勧めしても問題ないキャスト（風俗店に在籍してサービスをする人）なのかを判断しますし、新人期間で人気が出た子はより人気が出て、人気が出ない子はなかなか挽回するのが難しくなる傾向があります。

風俗のお仕事は時給制ではなく完全歩合制。出勤日にお客様が一人もつかなければ当然お給料は出ません。人気が出てお客様がたくさんつけば高収入を狙える反面、とてもシビアな業界です。

私の出勤初日のお給料は一〇時間働いて、みっちりお客様をつけてもらって四万円でした。当時の私の夜勤のバイト代が一日で一万円に届かないくらいでしたから、比較すると四日分になります。いまの感覚からすると安いお店でしたが、当時の私にとっては大きなお金が動くすごい世界なんだなと驚きがありました。その初の「夜」のお給料をスタッフさんから渡されたとき、「みんなどんだけ客が嫌でも、この（給料をもらう）瞬間で続けようって思うんだよね」と言われたのが印象に残っています。「嫌々働く」という意味のその言葉にはあまりピンとはこなかったのですが、四万円の現金を見たときにドキッとはしましたので、お金の力はすごいんだなあ、と思いました。

ちなみに、先に入店していた悪友のビジネスホテル勤めの子は、続かずに辞めちゃいました。自分で相手の男性を選んで遊ぶのは楽しかったけれど、お客様として来る人にサービスをするのは「キモーい！」っていうテンションで、向いていなかったみたいです。そんな接客なので、人気が出たわけでもなく、「もういいや、飽きた」って、シレっと辞めちゃいました。

研究と自分の強み

入店して一ヵ月で私はお客様につかずに待機をすることのない、人気嬢になることができました。

働いてみるとお店には二〇人ほどのキャストがいて、中にはびっくりするくらい見た目が魅力的な女性もいました。私自身、見た目だけで言えば在籍女性の中では中の中。ですが、とにかく真面目に働くことだけを心掛けていました。

もちろんサービスもがんばりましたが、お客様の心のコアに触れることを意識していたように思います。そのあたりは、私が逆ナンを繰り返して、いろいろな人たちの心の奥底の答え合わせをしていたことが役立ってはいたと思います。ほかの女の子とは、お客様個人に対する関心や興味の持ち方のレベルがまったく違っていたと思いますから。それが初日のリピーターにもつながったのかもしれません。

風俗サイトのお店のページにはブログがありました。そこに投稿する自分のブログの内容も、私なりに研究しました。風俗サイトの静岡県内ランキングで上位に入っている女の子のブログをいくつも見て、そこからヒントを得て、文章に力を入れて日記を更新しました。というのも、当時の私は学生で顔を出すわけにもいかず、身バレ（身元がばれる）リスクが高まる写真よりも文章で勝負することが好ましいと感じたからです。

とくに私が力を入れたのは、実際にお会いしたお客様に向けた感謝のブログ（通称お礼日記）です。お客様とお話しした内容やプレイ内容を織り交ぜてお礼を綴るのですが、実際にお相手したお客様に向けて書くだけではなく、まだお会いしたことのない人が予約を入れたくなるようなブログを意識しました。

たとえばこんな感じです。

一週間ぶり八回目ですね。今日も「ただいま」と言いながら、お邪魔させていただきました！　前回お話しした血液型のお話も、お仕事のお話も全部覚えていますよ。今回もお兄様が大好きな◯◯プレイ。まりなは相変わらずヘロヘロになっちゃいました。

いつも「元気をもらった」と言ってくださいますが、まりなのほうこそ元気をいただいていますよ。あ、最後にベッドで話してくれた昔の話……帰り道思い出して泣きそうになっちゃった。今日も本当にありがとうございました。お兄様のこと、前回より深く知れた気がして嬉しいです。是非また呼んでくださいね。

こういった具合で投稿を行います。自分を選んでくださったら、リピーターになったら、どんな時間を過ごせるか想像できるように。

このブログにより自分の接客タイプに合う相性の良いお客様からの予約が次々と入り、本指名をいただける確率が上がりました。また、既存のお客様から大事にされている様子を匂わせることで、お客様の過剰で無理な要求を減らすことができていたとも思います。

いまはお客様に対するリーチの度合いではSNSのほうが圧倒的だとは思いますが、当時はまだSNSがそこまで浸透しておらず、やはり風俗サイトのブログが集客では重要な意味を持ちました。

仕事としてのやりがい

私はその時期、大学卒業のための卒業制作にとりかかっていましたが、デリヘルのお仕事が楽しすぎて、卒業制作が間に合わなくなりそうになりました。なんとかギリギリで卒業できましたが、それくらい、デリヘル嬢というお仕事が私に合っていたのだと思います。

私が大学時代に精力的に取り組んでいた「逆ナンパ」ですが、いくら成功率が高くなっても、誰にも褒められないし、成績にあらわれるわけでもありません。自分では、「成功率、こんなに高くてすごくない？」なんて鼻は高かったんですが、あくまで自己満足。それがデリヘル嬢になると、きちんとしたシステムの中でお仕事として成果が出て、評価もされます。

この驚きをたとえるのであれば、友達にとてもおいしいクッキーを焼いてあげていて、友達は「おいしい、おいしい」って喜んでくれていたけど、お店に出品したら売れるんじゃない？　って言われて出してみたら「すごく売れたじゃん、嬉しい！」みたいな感じです。浜松でしたし、お店の料金も高くはなかったので、そこですごく稼いだというわけではないのですが、月のお給料は五〇万円ほどになりました。そのお店としてはすごいことだったようです。

なにより、ホテルというあらかじめ決まった場所で、六〇分や一二〇分などとコース時間が決まっているサービスを行う風俗は、路上の逆ナンよりも安全で、時間が区切られている分、楽に感じるようになりました。逆ナンで男の人の家に行くと、やはり束縛されたり、拘束時間が長くなったりすることもありましたから、数多くの「答え合わせ」をしたかった私にとっては非効率的でした。

趣味の延長のように繰り返していた逆ナンをして相手を深掘りしていくという行為が、仕事上の「接客」になるという意味で、自分が「遊び人」から健康な人、健全な人になれた気もしていました。「仕事」という言い訳ができたことで、単純に努力して働いて稼いでいる人になり、普通の人間になれたと嬉しかったんです。「ビジネス」が隠れ蓑になり、自分の行為が評価されると感じるようになれました。

風俗嬢で広がったピロートークの幅

私が聞いていて好きだったのは社会的に地位がある人の自慢話でした。だいたい風俗店に来て話す自慢話って自分がこういう仕事したとかじゃなくて、「部下がほんとにダメでよお」みたいな悪口です。あるいは学校の先生が生徒の文句をひたすら言うとか。ただ、そういうドロッとした内面を引き出せれば、もうこっちの勝ちです。リピーターになってくれます。

その一方で、その学校の先生が盗撮なんかしてたりするわけです。生徒がなっとらんみたいなことをいつも言っているのに、自分はどうなんだ、と。そういう大人の心の裏表に接するのがとても新鮮でした。

携帯電話の待ち受けに赤ちゃんの写真を使っているお客様にも最初は衝撃を受けました。まだ私も大学生でしたから、「赤ちゃんいるのにこんなとこ来るんだ」とびっくりしたりしたんです。人間って欲張りというか、いっぱい求めるんだな、と。そういう道徳に背いてる、聖書の教えに反するようなことをするお客様の話は私の大好物でした。

なかには「いま総額三〇〇万円くらいの借金あって明日五万円返さなきゃいけないのに会いにきちゃった」っていう、あまりうまく働けてないような人もいて、そういうお客様には私が興味津々になってしまって「なになに？　いつからそんな状況になっちゃったの？」って食いついたりして。私は挫折というのか、傷を負った人生を歩んでいる人が好きでしたから。

やはり逆ナンだと若めのサラリーマン相手が多いですし、狙っていたのが「草食系」だったので、ピロートークで聞ける話もそこまで深くはありませんでした。逆ナンで社会的な地位のある人に出会うことはまずありません。そういう人は繁華街を隙を見せつつトボトボ歩いてたりしないですし、深夜のスーパーでアイスを物色したりもしないでしょうしね。

あとは、幅が広がったといっても私は年下には興味がなかったので、そこは「答え合わせ」

の面からは捨てていました。一八〜一九歳の男の人もお店には来ましたが、私が期待するドロッとした二面性のある話は到底聞けなかったですから。そういう若い男の子は「主人公意識」が強くて、「俺が俺が」な感じで主張して、弱みを見せることはほぼないんですね。「このあと二人で飲みに行こうよ」と誘ってきたりもするし、良くいえばカジュアルな感じで接してくるので、リピーターにはなりそうもないし、私は関心がなかったです。

ともあれ、デリヘルというスキームにある程度守られながら、私はどんどん「答え合わせ」の幅を増やしていきました。

帰り道が温かいものであるように

私はブログの発信は真面目に丁寧にがんばっていましたが、サービスとしては過激なことをするわけでもなく、特別な性サービスの技術もありませんでした。

お客様の心に寄り添う、寄り添うどころかぐいぐいと奥底をのぞき込むような接客が私の武器です。よく「風俗の帰り道は虚しい」なんてセリフを男性から聞きますが、それはきっとキャスト側からお客様への愛情が伝わっていないからだと思います。お金のために仕方なく、好きでもない相手との時間を楽しそうに過ごしてくれたんだ、なんて感じてしまったらお客様は虚しいですよね。

風俗は一期一会の出会いの場です。だからこそ、この先二度と会えなくても、一年後、五年後、一〇年後にお客様が私を思い返したときに、「いい関係だった」「いい時間だった」と思ってもらえるような接客を意識しています。私と別れた後に、温かい気持ちでお家に帰れますように……そんな気持ちを込めてお客様に最後のハグをしています。

そういった情のある接客をしているとよく言われるのが「ガチ恋」のリスクです。ですが、私の場合、風俗をはじめたころからいまに至るまでお客様から「付き合いたい」などといった告白をされたことは一度もありません。ふざけたやり取りはもちろんありますが、そういうときははぐらかしたりごまかしたりします。それを通り越して私と付き合いたいと告白してくださるお客様はいません。

私の考えでは、恋と愛は別モノです。恋はとても自分勝手な感情です。束縛や執着や嫉妬ではなく、相手のことを思いやる愛だけをもって接することで、お客様からも恋ではなく愛を返してもらえると思うのです。色恋接客ではなく、真心接客。それが色恋沙汰に発展させないコツな気がしています。

二人目の彼氏

色恋接客はしないと言いつつ、この浜松でのデリヘル勤務のときに二人目の彼氏ができました。私がいままでにちゃんとお付き合いをした男性は三人です。その三人目にはいろいろと泣かされるのですが、それは後の話。

二人目の彼氏になった男性はお客様でした。いつもは真心接客をしている私ですが、自分自身が不安定なときだったり変に余裕があるときにはお客様とお付き合いをしてしまうようです。この浜松の場合は、もうしばらくしたら就職して東京に行くので、心が浮ついていたのかもしれません。

出会ったきっかけはもちろんお客様ですからデリヘルです。相当なヘビーユーザーになってくれて、なんとなく受け入れてしまいました。本来、私を追いかけてくる男の人は苦手なんです。好きになれない。

デリヘル嬢のまりなを追いかけてくれるお客様は大歓迎なんですが、それでも私は自分からお客様にお店に来てくださいと直接的な営業をしたことはいまに至るも一度もありません。先に話した「恋」の感情を相手に抱かせてしまうからです。だからかもしれないけれど、ガツガツこない、あんまり私に興味なさそうな人には、忙しければ「どうせ風俗もう来ないよね、はいはい」とスルーするんですけど、余裕があるときは逆ナン根性に火がつくのか、ゲーム感覚で振り向かせてみたくなっちゃうのかも。

狩人精神ですかね、ふだんはお店に来るお客様のなかで完結しているのに、たまにそういう群れというのか箱を離れたところにいる獲物を狙いにいっちゃいたくなるんでしょう。それが恋のはじまりになる、みたいな。

よく風俗界隈では私がスーパーウーマンみたいに鋼の精神とクールな接客スタイルを兼ね備えているみたいな誤解をされますが、こんな感じで「やらかす」ときはやらかしてしまいます。

その人は五〇歳過ぎのサラリーマンでした。既婚者でしたが、最初は独身だと言われてました。付き合ってるうちに不倫だとわかり、正直あまり覚えていませんが、それなりに怒ったと思います。付き合うからには、ゆくゆくは結婚とか、考えなくもなかったですから。

私は付き合いはじめるとお金を相手からもらえなくなります。店の外で私的に会う人には私が負担することが多いです。これはいまでも同じで、チームやプロジェクトで動いている案件なら料金をもらいますが、私自身で完結してしまうこと、たとえばちょっとした動画の調整だったり、なにか周りの人ができないから私がやるみたいな状況のときには無償でしてしまいます。

これは私的には自分のダメなところだと思っていて、宗教の呪いだと感じています。「施しの精神」がまだ私を縛りつけているのかな、と。だからその五〇代の人も、経済的に面倒をみてくれたと思いますけど、私がそれを受け付けなかったんです。

もともと浜松での風俗業は卒業までの「アルバイト」のような感覚でしたから、無事に卒業して、春に東京に行くときには、もう続ける気はありませんでした。五〇代の彼氏とは、東京に行ってしばらくは続きましたが、仕事が忙しかったこともあり、ほどなくして終わりました。

幸先絶好調だったデリヘル嬢を続けず、決まっていた東京の制作会社に入ったのは、やっぱり、「親バレ」が怖かったところもあります。宗教が原因で実家を離れたとはいえ、育ててもらった恩はありましたし、大学を卒業したら、普通に就職して働くつもりでしたから。

Ⅳ 東京へ

お客様が緊張していたら、わざとミスる。
お客様が我儘《わがまま》になったら、ちゃんと怒る。
お客様が酷いことを言われたら、本気で悲しむ。
お客様が楽しそうなときは、その倍楽しむ。

まりてん接客、基本の「き」！

WEBの可能性

二〇一三年の春、大学を卒業して、内定していた広告制作会社で働きだしました。それなりに規模の大きい会社を選んだのですが、ゆくゆくはデザイナーとして独立を目指すにあたって、いろいろなジャンルのプロジェクトに参加できる大手のほうが勉強になって経験を積めると考えていたからです。独立するために、デザイン以外にプランニングも学んでおきたいという気持ちもありました。

大学の周りのみんなもそうでしたが、だいたい三年で何らかのかたちで独立すると考えている人が多く、私も漠然とそういうイメージをもっていました。デザイナーは流動性の高い職種なので、それが自然なとらえられ方だったと思います。

時代はＳＮＳが成熟期を迎えようとするころ。私が地元の愛知にいるときにｍｉｘｉが広まり、大学時代にはスマホも普及してみんながＳＮＳをやりだしました。

私もこの潮流には成功の芽があると感じてＷＥＢプランナーを目指したのです。人が大勢動くＷＥＢサービスを仕事にしたいと考えていました。

まさかのストーカー被害

いざ入社してみると、念願が叶って総合職での入社でしたので、新入社員のときは研修で人並みな苦労はしたと思います。まずは会社の電話をとるところからはじまり、半年間は社内の各部署をひととおりまわってOJT（オン・ザ・ジョブ・トレーニング）でみっちり指導されました。

残業は当たり前でしたし、結構厳しい部署もあって、「この節穴め！」って怒られてへこんだりもしたんですが、そのときの指導役の上司が、本当に素晴らしい人柄の男性だったお陰でメンタルがダウンするとかはなかったです。

デザイナーとしても自分としては大学時代に学んできたつもりでも、当たり前ではありますが実際の社会ではまったく通用しませんでした。なので、週末に自宅で先輩のデザインを模倣してみたり、個人でセミナーに行ってみたりして、なんとかプロとして通用するレベルのデザインをできるように、入社してから二年間は懸命に学び、働きました。

仕事で病むことはなかったのですが、入社半年でストーカー被害に遭いました。

OJTで社内のいろいろな部署を回っているときに出会った派遣社員の男性に狙われて

しまい、自宅の玄関付近にビデオカメラを取りつけられて、私のメールに盗撮画像が送られてきたのです。

すぐに人事に伝えてそのストーカーを「飛ばし」てもらいましたが、とても驚きました。その人が私に関心があることもまったく知りませんでした。同じ部署ではありましたが、挨拶程度しかしたことがなかったので。だから、なんでストーカーされたのか私にはさっぱりわからず、「静岡で逆ナンしているときも、デリヘルで働いているときもストーカーに遭わなかったのに、なんでだよ！」とは思いました。

この経験を通して、私にとっては会話のない相手が一番怖いと思いました。実際にコミュニケーションがとれて、肌に触れ合えるお客様のほうがコントロール可能なように感じました。


その制作会社はおとなしくて真面目な人が多く、社内でもふざけた話や夜遊びの話をおおっぴらにするような雰囲気はまったくありませんでした。大学もそうでしたが、思えば私が所属していたコミュニティは常に草食系でした。もっとも、せっかく就職した先で自分から「風俗で働いてました」なんてカミングアウトする女子社員もいないでしょうけど。

再び風俗へ

新入社員から手取りで二五万～二六万円くらい、わりとしっかりお給料はもらえる会社でした。私は学生時代にデリヘルで稼いでいたときから、お金の管理はきちんとしているほうだったので、浪費に走ることもありませんでした。もともと、お金を使うような趣味もなかったですから。

入社三年目くらいになると、仕事に少し余裕もできて、週末に自宅でデザインの勉強をすることもなくなり、時間が空きました。

その会社に不満があったわけではなく、仕事が向いていないというわけでもなかったのですが、どうしても「答え合わせ」を再開したいと思うようになりました。

人が多い、多すぎる東京で、あふれかえる「サタン」たちの心の奥底をのぞいてみたい――そういう衝動が私を突き動かしていきました。

私は週末、会社のない土日限定で池袋の風俗店で働くことにしました。東京きっての歓楽街である池袋には、もちろん多数の風俗店があります。私が働きはじめたお店は池袋西口のホテヘル（ホテル限定のデリヘル）で、当時の池袋ではランキングで一～二番くらいに盛り上がっていたお店でした。在籍キャストの数も浜松で働いていたお店の比にならないほど多く、一日の出勤が三〇人以上になる日もある大きなお店でした。

浜松では人気嬢になれた私ですが、東京ではどのくらい通用するのだろうと、自分を試したい気持ちも少しありました。

それに、もともと三年でデザイナーとして独立するというつもりでいましたので、その資金を貯める必要もありました。

マウントをとらせれば成功

私は静岡時代と同様、内容の濃いブログと真心を込めた接客スタイルで、入店後すぐに人気嬢になることができました。自分なりのやり方でしたが、コツはかなりつかんでいたと思います。

東京で実力を試したいという挑戦的な気持ちもあったので、土日は毎週一四時から二四時までみっちり予約を取りました。そして、入店三ヵ月目にはそのお店の本指名ナンバー1になり、四ヵ月目には数ヵ月先まで予約が埋まりはじめました。

逆ナンパ師時代から変わらず、自分の攻撃性を消せるところが私のストロングポイントでした。下手に出て、なるべく早い段階で相手にマウントをとらせます。

マウントとは「相手より優位になっていると見せつけるような言動」ですが、この言葉を使うときはパワハラやモラハラの被害を訴えたりと、ネガティブな要因がほとんどです。ですが、私はあえてお客様にマウントをとらせます。

マウントをいかにとらせるか、自慢話をどう引き出すか、男性の見栄をどう引っ張りだすか、そういうところが接客のカギです。

あえて「やられ役」になるのです。「今日はここだよ、ほら、ここを踏むんだよ」といった具合で、コース時間内の会話の中に大量の「マウントスポット」をちりばめて、お客様が乗っかってマウントをとってきてくれたら、もうこっちは「よっしゃ！」って感じです。そこでお説教でもしようものなら、もうこっちのもん、なんてね。

風俗業界では「お説教客」がかなり多いのです。「お説教客」は一般的には風俗で働く女性には嫌われやすいため、そのお客様を取り合う倍率も低くなるので、私にとっては本指名客としてとても獲得しやすい顧客層でした。

お説教好きなお客様は、誰かを言い負かしたいわけではなく、自分を知ってもらいたいのです。お説教やマウントの中身にこそ、お客様のメンタルの芯の部分があらわれます。

これは私なりのお客様の「心の鎧」を剝ぎ取る技術です。

生まれたときまで遡る

接客中は、とにかくお客様の昔の話を引き出します。子どものころにまで遡って聞き出すのです。

たとえば「いまのお仕事は子どものころからなりたかった職業なの?」とか、「小学校のときの卒業文集って、将来の夢は何て書いたの?」とか、小学校は? 幼稚園は? どんな子だった? と、生まれたときまで遡って聞き出します。

あとは、自分の年齢と照らし合わせながら、「○○さんは二四歳のとき、どんな仕事していたの?」「私は今二四歳でこんな壁にぶつかっているのだけど、○○さんのときはどうだった?」なんて振ると、マウントを含めてより心の芯に近いお話を聞くことができます。

こういった相手のプライベートな部分を掘り起こすようなことを聞くのは、風俗業界では特殊なやり方だと思います。風俗で働く女性の多くは、お客様の深い話を聞けば、自分も深い話をしなければならなくなると考えて、「引いて」しまうでしょう。身バレは風俗業界で働く女性がもっとも嫌がることのひとつです。

さらに、自分のプライベートも晒しながら、源氏名ではない生身の自分でお客様と対峙することで心が傷つきやすくなり、マウントをとられようものなら耐えきれなくなって病んでしまう……そんな女性も多いです。

その点、私は自分の話も積極的にするし、心が触れ合う接客に抵抗がありません。「答え合わせ」を楽しめるのが一番の理由です。

風俗エンゲル係数

池袋で働きはじめ、数ヵ月先まで予約が埋まるようになり、意識しはじめたポリシーがあります。それは、自分自身が邪悪にならないようにすることです。

お客様にリピートしてもらい続けるには、お客様が経済的なキャパシティを超えてお金を使うことがないよう、コントロールしなくてはなりません。お客様が経済的に破綻してしまったり、そこまでいかなくてもつぎ込みすぎて家族や周囲の人にバレてしまい、立場的に追い詰められてしまうかもしれません。そうなるとお店にも来られなくなるし、私やお店への執着から恨みが生じるリスクがあります。

なので、リピートしてくれるお客様に関しては、なるべく最初の段階でその人が風俗で使える金額をおおよそ把握しておきます。収入に対して、風俗に使用する金額の割合を私は「風俗エンゲル係数」と呼んでいます。風俗エンゲル係数が四〇パーセントを超えてくるようなら要注意です。

そのためには相手の仕事の内容や職種を知る必要がありますから、独立して平日も働くようになってからはだいたい最初に、「平日なのに、すっごいラフな服装だね～」だったり「今日平日だけどお休みなの？」といった感じで探りを入れていきます。私の仕事の悩みを相談してみると、「うんうんわかるよ、俺もね……」と、自分の仕事話を明かして職種や勤めている会社を教えてくれることも多いです。

風俗に通う習慣がもともとあるかないかも重要です。通う習慣があるお客様の場合、お店に通う頻度が極端に縮まったり、過去通っているお店より価格帯が上がったりしていたら、注意が必要です。

「ホテルの場所、すぐにわかった？　このあたり細い道が多いから迷わなかった？」などと探ります。ラブホテル街で事前に予約したホテルに行くのは、遊びなれていない人にはなかなかハードルが高いと思いますから。脱衣の際のスムーズさをチェックしながら「え～、なんか遊びなれてる感じ？」なんて、カマをかけたりもします。

風俗エンゲル係数を知るためには、既婚か未婚かもチェックポイントです。ＬＩＮＥを交換するときに「私の登録名、変えておかなくて平気？」「夜とか連絡しても大丈夫なの？」と、さらっと聞いてみたり。

何を売るか？

風俗業というのは性的サービスを提供するお仕事です。しかし、実際にお客様と触れ合ってみると、本当に求められているものは違っているように思えてなりません。もっと精神的な癒やしだったり、誰かに認めてもらえる時間だったり、心のサービスであるように感じます。

それは、お客様自身も気づいていない潜在的なもので、来店時には「エロいことしに来ました！」と、ガツガツとした鼻息が荒いお客様ですら、リピートをしてくださる理由は精神的なところであるように感じます。

このお仕事は、よく「身体を売る仕事」だと言われたりします。何を売るか、というのは実際に風俗で働く女性の中でも回答が分かれるテーマです。「時間」と答える女性もいれば、「癒やし」や「技術」と答える女性もいます。

ですが、身体の関係、性的技術だけのサービスを受けたお客様が、虚しい気持ちで店から帰っていくケースが非常に多いのは事実です。

私にとって、風俗のお仕事は「関係性を売る仕事」です。もちろん私の接客は特殊な部類です。お客様本人以上に、お客様のことを考え、心の奥底で想い、一緒に悩み、生活を共にする私との関係性です。

性的なサービスは、私にとって人の心の奥底に触れるための効率的な手段に過ぎません。一緒にご飯を食べたり、お酒を飲んだりするよりも、性的な行為を共にすることが一番早く相手のドロッとした心の奥底に到達できると感じるからです。

独立して自分の店を立ち上げ

デザイン制作会社に就職して三年目に入ろうとするころ、もう私の心は決まっていました。

やっぱり風俗でのお仕事が好き、「答え合わせ」をしているときに生きがいを感じる。この仕事で生きていきたいという思いが確信に変わりました。

しかし、現実的なところもあり、風俗嬢一本で働くことはリスクが高いことのようにも感じました。風俗嬢のプレイヤーとしての寿命は短いからです。

当時、二五歳の私は、風俗嬢にとって「若さ」が武器であることを知っていました。普通のビジネスマンは社会人になってから右肩上がりで年収が高くなりますが、風俗で働く女性は違います。二〇代が稼ぎのピークで、三〇歳を過ぎるころから、在籍するお店も価格帯が低い人妻店や熟女店へ移行し、どうしても稼ぎが下がっていくのが一般的です。

なので、「お店年齢」が二八歳でも実際には三〇歳を余裕で超えているケースもよくあります。かくいう私もいまは実年齢が三四歳ですがデリヘル嬢としては二八歳で売ってます。私の場合はもう実年齢をさらしまくっているので無意味ではありますが。

年齢を重ねても現役キャストとして活躍されている方もいます。

吉原の超高級ソープ店で私よりずっと年上の方が働いていることもあります。そういう方には心の底からリスペクトをします。自分の容姿、スタイルの維持・向上にかける努力と費用はたいへんなものでしょうし、何より現役を続けていられるのはたぐいまれな技術があるからでしょう。

ただ、特別めぐまれた容姿や高度な技術があるわけでもない私のようなタイプが年を重ねても風俗界のトップランナーを続けていけるとはとても思えません。

私はキャストを引退しても風俗業界で生計を立てていくために自分のお店をもつことにしました。もともとはWEBプランナーやデザイナーとして独立して働くことを志していたのですが、再び池袋での週末のキャスト業をするようになり、風俗業界に残りたい気持ちがどんどん強くなっていきました。そこで路線変更しました。浜松のときの成功体験もあり、しっかり準備すれば成功できるという自信もありました。

風俗嬢一本で生きていくとなると、いつか引退するその日まで、ひたすら働き続けるしかない。もうその道で稼ぎ続けないと人生が詰んでしまう。そういう生き方からの「逃げ」として、経営も兼ねたのです。

池袋での週末のデリヘル勤務は二〇一五年の一二月にいったん辞めました。風俗勤務をお休みするというわけではなく、自分で風俗店を立ち上げる準備のためです。年が明けて二〇一六年の二月から、その当時一番規模が大きくて勢いのあった都内の風俗店でスタッフとしてバイトを週末にはじめました。

いくら自分が風俗嬢でそこそこ人気があったとはいえ、自分でお店を経営するには知識がまったく足りません。そのために店の裏方さんのマネージメントやプロモーションのやり方を学ぶ必要がありました。

そのバイトは、デザインができるということでもぐりこめました。なので、お店のサイトのバナーをつくったり、レタッチをしたりして土日を過ごして、ああ、なんとなくこういう空間なんだと感じられるくらいのものでしたが、なんとなくこういう雰囲気で仕事が進んでいるんだな、と学びました。

バイトのスタッフなので、風俗嬢の面接を任されたわけでもなく、全体像を把握していたわけではないのですが、半年間そこで過ごして、運営の裏側をざっくりと勉強しました。

制作会社を退職

そして二五歳の夏、デザイン制作会社を退職しました。ところがいざ退職するとなるとビビッてしまい、三ヵ月くらいは用意した辞表を提出できずにいました。

脱サラして起業するっていうのはかなり自分にとってはおおごとでした。これまではバイトとして風俗のお仕事と昼の生活を一応は分けて生きてきましたから、ああ、これで逃げ場所がなくなるな、という不安がありました。チャレンジングというのか、この昼の居場所を捨ててしまっていいのだろうかと、悩んだりもしました。

昼の仕事をやめて風俗業界に転じれば、もう一度昼の仕事に就きたいと就職活動をしても、履歴書に空白ができます。風俗業界で働いていたことを履歴書には書けないと思っていましたから、履歴書としては二五歳、社会人を三年経験した以後は無職の状態になってしまいます。それが不利に働くことはもちろんわかっていましたから、後戻りができなくなる不安は感じていました。

退職の理由はとくに言わずに「実家に帰ります」とかごまかして。真面目な人が多くて、社内では風俗の「ふ」の字も出ないような雰囲気でしたから、「辞めて自分で風俗店を立ち上げます」なんてことはとても言えません。

そうすると「大丈夫なのか?」とお世話になった上司に心配されました。もともと三年で独立していく社員が多い会社でしたし、個性的な社員もいました。ずっとインドにいて、夏の間だけ避暑なのか日本にいて出社する人とか。なので、辞めること自体に反対されたわけではなく、辞めた後に何をするかについて「考えてません」という私が心配になったのは痛いほどわかります。私はその制作会社では真面目に一生懸命勤めていましたから。

それ以来、お世話になった上司や先輩社員には連絡していません。ただ、取引先の人がお客様として来店したことはあります。私に気づいて指名してきたわけではなく、接客中に、私がいつものように自分の話をしていくうちに、「それって、あの会社?」ってお客様が気づいて、「そういえば、あのとき会議にいた人だよね?」みたいな感じ。だからもう、その制作会社では私の「正体」はバレて知れわたっているかもしれません。

V まりな店長

「身体を売っている

批判交じりに言わ　　　ちですが、

一体何を売っているのか

同業女性でも回答は人それぞれ。

時間と答える人もいれば、技術や癒やしと言う人もいる。

私は「関係性」を売っています。

あなた以上にあなたのことを考え、

ともに悩み、歩む人間としての関係性です。

野望と不安

デリヘルは先にも述べたようにＷＥＢが勝負の業態です。風俗サイトやお店のサイトでいかにお客様を呼び込めるかがカギだと私は感じていました。ＷＥＢのデザインやマーケティングをしていた自分が、なによりも好きな風俗という業態を手がければ勝機はあると思っていたのです。

いえ、それどころか、「いけんじゃね？」くらいにタカを括っている部分もありました。学生時代に静岡で働いていたときも、上京して週末にバイトしていたところもそうでしたが、業界はなんだか古い体質のお店ばかりで、経営者のドンブリ勘定ややりたい放題がまかり通っていて、そういう競合店はすぐに自壊して崩れていくんじゃないかと思っていたのです。

独立して一人で経営することには不安もありましたが、その一方で「私ならやれる」「いいお店をつくれる」――とイケイケで、一〇代のころとは打って変わって、とんがっていたのです。

いきなりの炎上商法

開店する場所も、週末に勤めていた池袋のホテヘル店の、目と鼻の先あたりにしました。あてつけというのではなく、狙いがありました。そのホテヘル店のネットの掲示板に『あの予約の取れないまりなが店を立ち上げたらしい』と書き込み、燃やしに燃やして炎上させまくってからオープンしたのです。当然、そのお店からはそのあと嫌がらせをされ続けましたが、とんがっていた私は平気でした。

その作戦は功を奏して、オープン初日から電話が鳴りやまないという事態になったのです。新規店は最初の電話をいかに鳴らすのかが勝負とされているのですが、私の「炎上商法」で幸先のいいスタートが切れました。

制作会社にいて週末にホテヘル嬢をしていたときは、もちろん顔出しもしていなかったので、それが逆にざわつかせたというのか、「あの新しい店では顔を出してるらしいぞ」みたいに匂わせる書き込みもして、「あの予約の取れないまりなって実際はどんな女の子なんだろう?」という関心が爆発的に拡散して、燃え上がっていくようにした結果、見事に成功したのです。

ふっかけられた家賃

お店の立ち上げ費用は二五〇万円ほどでした。当時の私の貯金は風俗でのバイトのおかげで四〇〇万円ほどはありました。とはいえ、普通ならこんな額ではおさまりません。風俗店を立ち上げる際の資金の内訳は、キャストの人件費、広告費、そして家賃です。私の場合は自分が出勤するということで人件費の一部と広告費が浮き、この額で成り立ちました。

不動産屋から風俗許可物件を借りるときには若い女性だということでナメられて、相場の三倍の家賃をふっかけられました。そもそも、風俗店を営業するには公安委員会の許可が必要です。なので、法務局や池袋警察署に申請をしに一人で行ったのですが、「名義貸し」かと疑われてしまいました。まだ二五歳くらいの女性がひとりでテナントの許可を求めてくるなんて、あやしいっちゃあやしいですよね。

風俗許可物件は制約も多いので、簡単には借りられません。そこで足元を見られてふっかけられたのですが、そこで「太客」の人に同行してもらって、向こうの言い値より一〇〇万円以上減額させて、無事に契約することができました。

所有株の禍根

立ち上げのとき、実は私は自社株を一〇〇パーセント持っていたわけではなく、四九パーセントしかありませんでした。制作会社にいたときに知り合って仲良くなった社外の派遣社員の女性と、その旦那さんに、実は会社をやめて風俗店を立ち上げたいと考えていると相談していました。その夫婦が起業のノウハウにくわしいということだったので、任せてしまった部分はあります。

いまとなれば考えが甘かったと思いますが、私にとっては自分の戦略やコンセプト、それを実現できるお店をつくること、そこで自分の理想の接客をして成功することに気をとられていて、共同経営者として名前を連ねてくれるその夫婦にあわせて五一パーセントの株を与えてしまったのです。持ち株五一パーセントというのは、経営権を握れる数字です。その気になれば独断で社長も変えられます。

その旦那さんは三五歳くらいで大手広告代理店のサラリーマンでした。夫婦であわせて五一パーセント分の出資をしてもらって。ただ、私自身の資金で本当は一〇〇パーセントまかなえたんです。そうしなかったのは、私がリスクをすべて背負うことに臆病になったからです。

帰り道に虚しくないサービス

お店の名前は「サイドライン」にしました。サイドラインには「副業」という意味があるんです。私自身の経験から、学生や会社員の傍らで出勤して接客をするという副業キャストでしたが、だからこそお客様の気持ちに寄り添えるという思いがありました。お客様と同じように受験で苦戦したり、仕事の大変さがわかるからです。副業女子だからこそ、お客様から対価としていただく一万円の価値がわかると感じていました。

正式名称は「池袋サイドライン副業女子専門店　やさしい気持ちになれる店」、帰り道に虚しくなく、やさしい気持ちになれるという、自分のコンセプトを打ち出すためにしっかり考えて名付けました。

まずは小規模で少人数で運営することを目指していました。ゆくゆくは店長になりたいという野心をもっている元キャストをスタッフとして集めて、彼女たちが自分の「サイドライン」を展開することでチェーン化していきたいとも考えていました。

自分がキャストとして出勤さえしていれば、赤字にはならない、という自負はありました。開店から最初の一ヵ月は自分の携帯電話にお店の電話を転送して、受付の電話を取りながらひたすら接客していました。

滑り出しは上々でした。自分なりに「サイドライン」の立ち上げ時の強みとしては、「店内で一番有名なキャスト（自分自身）がキャストとして売り上げを追わなくて済むこと」だと認識していました。風俗エンゲル係数の話をしましたが、お客様を潰すほどにお金を使わせるのは店長になっても避けました。そのうえで、キャスト兼任の女性店長としてお客様と仲良くなるスキルをうまく活かせないかと思案していました。

さまざまなイベント

「ワンコインデート」「代理俺制度」「月一回のフリー限定Day」「言い値チャレンジ」「月一回のリアルイベント」など、さまざまなイベントを企画して、YouTubeやツイキャスも積極的に取り入れました。

「ワンコインデート」というのは、五〇〇円で三〇分、お客様とデートするっていう企画です。それは喫茶店か、もしくはレンタルルームのようなところで、風俗プレイをするには狭すぎて無理だけど、会うぶんには十分みたいなところで、お客様と三〇分、五〇〇〇円をもらってデートをして。

そのデートに私はiPadを持っていって、「いま、こういう子がいるよ」みたいな話をしたり、相手の職業を聞き出したり、サイドライン出店への思いをプレゼンしたりとかしながら、仲良くなって、連絡先を交換して。「このままだれだれに入るんだったら、私、何千円まけるけど、行く?」みたいな話をしてお店に「ぶち込む」みたいな、三〇分五〇〇〇円の、要はエサです。

一日に八件くらい、三〇分五〇〇〇円のデートに入り、そのエサで釣れたお客様をほかの女の子に分配していくというやり方で、どんどん土台をつくっていったという感じです。

逆境で稼ぐ

「代理俺制度」というのは、私自身はお店を休まないのですが、ほかのキャストの女の子は当欠(当日欠席=休む)もぜんぜんあるなかで、「代わりに私、行きます」ということです。

そのころは私はほかの女の子よりも少し高めに料金を設定していました。私ばかりフル回転で稼働しすぎてしまうのは正直しんどいですし、経営者としてほかの女の子にも入ってほしいからです。でも、当欠のときにはキャンセルではなく、その子の料金のまま、つまり私としては「お値打ち」価格で入りますよ、という制度です。

そうするとそのお客様を逃すこともなく、その一回の予約分を私が回収できるし、当欠がお店に響かなくなります。大変といえば大変なんですが、それが私が店長をやっている一番のアドバンテージ。ほかの風俗店だったら絶対できないことですから。

ほかのお店だったら男性のスタッフがほとんどなのでキャストとしてお店に出て接客するなんてそもそもできないですし、お客様から見てスタッフの魅力って、本来はないはずです。私がキャスト兼店長でいるからこそ、五〇〇〇円デートも「代理俺」もできる。だから積極的にそういうイベントをして他店との差別化をはかっていこうとしていました。

「言い値チャレンジ」は、六〇分、お客様にキャストの女の子と過ごしてもらって、終わったときに私がお客様のところに行って、女の子は「ありがとう」と言って帰します。そこで「いま、お客様の思った金額でけっこうです」って私が言って、その金額を出してもらう、というキャンペーンです。

これが結構意外なんですが、私が行ってお金を回収しようとしたら、お客様はみんな高値を出してくれるんです。お店としても得は得だし、しかもそこでそのお客様とコミュニケーションがとれて好きなプレイの傾向とかを聞き出して、コアなお客様に落とし込みやすくなる。とにかくすごく足で稼いでるみたいな状態でした。

盗撮の手口

お店が軌道に乗ると、当然ながらトラブルも増えていきます。女の子が増えていくにつれて、本強（本番強要）トラブルや盗撮が起こります。

本強はありがちなトラブルですが、とくに経験の浅い女の子だと臨機応変な対応をとれなかったりでお客様とケンカになったり、そのキャストの女の子が辞めてしまう原因にもなります。

本強をうまく避けるコツは、こちらの感情を持ち出して闘うことですね。「禁止されてる」といった理屈は、相手の性欲を押し返すためにははっきり言って弱いです。「そんなことを言われて悲しい」「優しくていい人だと思ったのに、つらい」と、自分の気持ちを前面に出して説得するのが大事だと思います。

盗撮は、携帯でコソッと撮るようなレベルではなく、車の鍵型とか、iPadのケースっぽいものとか、モバイルバッテリーとか、眼鏡とか、リモコンにカメラがついていたりとか、いろいろな手口があります。盗撮をする人の動機は、たいていが自分で後で観て楽しむか、万引きのようにスリルを味わっているかです。

女の子としては、盗撮はけっこうわかりやすいと思います。お客様がなんとなくカメラを仕込んだ方向をチラチラ見ているし、どうも怪しいなと思って見ている方向にあるブツを触って「熱いな」となったらアウトです。

その当時はスタッフもいないし、そういうトラブルが起きたら店長の私が乗り込むしかありません。私も店長とはいえ若い女性なので、ナメられてうまく交渉もできない、というより交渉にならないことが多く、即通報、「はい警察!」な対応をしていました。

プレイヤーからマネージャーへ

そういうふうにお店を運営していく中で、私がキャストとして働くよりもほかの女の子たちにいっぱい働いてもらわなければもたないと感じる部分がでてきました。私としては最初の失敗ととらえているのが、新規のお客様には、ほかの女の子に三回つかないとまりてん（まりな店長）に入れないという制度を導入したことです。

お店をやっていると、自分の電話しか鳴らないわけです。とにかく自分がなるべくお客様に対応して、仲良くなったらほかの子に回す、その技術はあると自信はあったんです。お客様とある程度、話をできる関係性を築けたら、「ゴメン、この子に入って」とか、「この子、めっちゃいい子だから、私、すごいいま推してて」みたいに、「すごい仲良くしてる、私の友達の女の子だから入って」とか。そういうやり方で回してはいたんですが、いままで入ったことのない新規のお客様をほかの女の子に振り分けるというすべはありません。だから、私に入りたい新規の人を、「三回、ほかの女の子に入ったら、私に入れるよ」というルールにしてみました。

ところが、そういうかたちで入ってくるお客様は、結局、ほかの女の子に「そういうルールだから入った」と言い捨ててしまう。「本当はお前なんかやりたくないんだよ」的なことを言って。「なんかこのお店、モチベーション上がんないし、都合よく使われてるんじゃね？」みたいに不満に思う女の子も出てきました。私としては「あなたのお給料、それで発生するように私なりにがんばってるんだけどな」って思いながらも、やっぱりうまくいかない。

でも、最初のお店を回していけるようになるまでの時期には必要なゾーンだったなとは、いまとなっては思うけど。

ぐらつく自我

お店のマネージメントをしっかりやるために、開店から半年くらいたつと自分がキャストとして働くのはやめました。私以外に人気のあるキャストも揃いだし、お店として専属の社員の女の子も雇いはじめて、運営側を充実させようと考えたのです。完全引退ではなくスポットで復帰はあり、たとえば「周年イベント限定」とかでキャストはしましたが、基本的には経営一本のスタンスになりました。

それが仇になったのか、逃げ場所がなくなって徐々に不安定になっていったような気がします。学生時代も会社勤めのときも風俗でバイトをしているときには「昼」という逃げ場がありました。風俗嬢でいるときが本当の自分だと感じながらも、このまま生きていけるのかと不安になったときには学生や昼職に戻って生きていけばいいという意識でバランスをとっていたんです。そのバランスがキャストをやめて店長一本になることで失われていきました。

新しく採用した社員スタッフはテキパキと仕事をこなしてくれる人で、店長としての実務的な私の負担は急激に減りました。ただ、キャストの女の子に寄り添ってケアするというのはなかなか難しく、それは私の役割でした。

最初は五人くらいだったキャストも三〇人ほどになり、なかには病んでいる子もいました。そういう病んでいる子から負のオーラをもらっていたのにふと気づいたりもしました。病んで辞めていく子たちが「実家に帰ります」とか「彼氏と同棲します」とか言うのを聞いていると、私にとっては実家というのは一番帰りたくない場所でしたし、「あ、私、意外と後ろ崖じゃね？」と思いはじめていました。

失敗したら実家に帰るしかないのか、でも実家には絶対帰りたくないとプレッシャーを感じるようになり、お酒の量が増えていきました。仕事が終わって自宅に帰る途中に必ずハイボールを買うようになり、依存していきました。

日中は常にだれかと話しているか、なにかに巻き込まれていましたから、一人になって落ち着ける時間というのが夜中に帰ってきて家でお酒を飲んでいるときだけになっていました。毎晩、深夜の三時か四時くらいまで家でぼーっとお酒を飲んでいる夜の繰り返し。睡眠時間も減って、仕事もうまく回っていかなくなる。

お店のコンセプトは店名にもついている「やさしい気持ちになれる店」、つまりお客さんの心の鎧を脱がせてあげるのが裏テーマだったのですが、「別に稼げりゃなんでもいいんじゃね」みたいなスタンスのスタッフも増えてきました。キャストにも当初のコンセプトには合わないような子が増えてきて、むしろ経営的にはそういう心の接客よりも売り上げを伸ばしてくれるキャストのほうが大事に思えてきたりもしました。徐々に、私がやりたかったことってなんなんだろう、という虚しさのような気持ちに支配されていきました。

はかない理想

お店は成功して、年商は二億円に達しました。風俗業界としては、半年で経営に失敗してお店を閉めるところが八～九割という中で、これだけしっかり立ち上がったお店はここ数年でも数えるほどのものらしいです。

ところが三年弱という短い期間で、私はお店を離れることになりました。ほかならぬ私自身が壊れてしまったからです。

お酒に頼り、精神的なバランスを徐々に失いはじめ、だんだんと壊れていってたんだと思います。自社株を四九パーセントしか持っていなかったことも、当初、自分自身もイケイケでお店も好調なときはよかったよかったと気にもしていませんでしたが、不安定になるにつれて「もしかして搾取されてんのかな、私」と疑心暗鬼になって、負のスパイラルに陥っていきました。

実際にはその夫婦がお店の経営に口を出してくることはなくて、自由にやらせてもらっていました。ごくたまに奥さんのほうがお店に来て電話をとったり、ちょっと手伝ってもらうようなくらいで。結局、私が不安定になり、猜疑心が強まっていっただけなのだと思います。

ただ、旦那さんのほうには社用車としてポルシェをわたしてはいました。私は車を運転できないし、社用で使うことはなかったですが。

それともうひとつ、私が自分自身を追い詰めてしまった理由があります。

もともと会社を立ち上げるときに、ひとつの夢を掲げました。それは、風俗嬢のセカンドキャリアになるお店をつくろうというものです。これが「サイドライン」の裏テーマでした。

自分自身も、もともと風俗嬢で店長になって、社長になって、お店を大きくしていく一方で、社員として採用する女の子やスタッフとして雇う女の子も、元キャストの女の子しか雇いませんでした。だからスタッフは女の子ばっかりで、スタッフの子でもたまにキャストになる子がいるというような構成でした。

私は風俗業界を変える、風俗嬢たちを救う、くらいの使命感に燃えていました。ところが、現実はそう夢のように甘くはありませんでした。風俗嬢を上がって（卒業して）、社会人としてスパッと切り替えられる子もいますが、そうではない女の子のほうが多かった。

そうして、スタッフのトラブルが増えていきました。今日はだれが来ない、来ていない、あるいは睡眠薬を大量に飲んでしまったスタッフもいて。私が掲げていた「風俗嬢の、風俗嬢による、風俗嬢のための風俗業」のような理想を実現するのは無理なのかな、と徐々に思い知らされていきました。

私には過信があったのかもしれません。ほかのみんなも私みたいになりたいはずだ、私のようにこの業界を背負っていく責任感を心に秘めているはずだと思い込んでいました。

「風俗嬢が自分で稼いで、お店も経営して、いろいろと発信して、昼職のように風俗業界でキャリアを積んでステップアップしていくこと自体がすばらしいことでしょ？」――私のそんな理想に共鳴して心を躍らせてくれる人の数は少なく、一緒になってやりたいと少数派ながらも言ってくれる女の子も、結局は不安定になって脱落していくという状況でした。

挫折と幻滅が入り交じった感情の中で、「なんか無意味じゃん？」というしらけた状態になっていきました。それでも変わらず仕事は忙しく、しんどいし、毎日トラブルが起こるし、だれも助けてくれない。

孤独なときこそ接客が冴える

そうやって猜疑心と諦めから孤独感を強めていくなかで、むしろ接客にはより熱が入るようになっていきました。お店を立ち上げて二年が過ぎたあたりから、私はキャストとして再びお店に定期的に出るようになりました。「まりな店長三ヵ月限定復活キャンペーン」みたいにイベント要素をつけて。

自分が精神的に不安定だったからか、接客の感覚が鋭くなりすぎて、自分で言うのもなんですが、神がかりだしていました。お客様が考えていることが手に取るようにわかるんです。接客中ではなく、あるお客様のことを「あ、この人これから連絡くるんだ」と察知したり、ほかのお客様でも「明後日くらいに連絡来て予約入れるな」とか、ぜんぶわかってしまう、スーパーハイパー敏感モードになっていました。

接客自体も、自分が睡眠不足で不安定でボロボロな状態でも、ホテルの部屋のドアの前でピンポンを押した瞬間にキャストとしてのスイッチが入って切り替わってシャキッとしました。それまでは、もう死にたい死にたいと思い悩んでいたとしても、接客をして帰るときには元気になっているような感じが続きました。

そのときに気づきました。私はお客様を依存させない、ハマらせたり沼らせたりしすぎてはいけないと気をつけているつもりだったのですが、実は私のほうがこの仕事に依存していたんだと。「答え合わせ」が癒やしになっていたんだと、改めて気づかされました。

その一方で、やはり私はバランスを失っていて、自分自身をコントロールできなくなっていたと思います。相手の心を揺さぶりすぎてしまう、愛のない刺し方をしてしまっていました。

ホテルで「じゃあね～」と別れた後、お客様が駅に帰る間に電話をしたり。それも全員に。その人の内面の深いところに入っていって刺す、支配する、コントロールするような次元までに達していたと思います。

こう書いていると、そこまでしたら人によっては「引かれる」こともあると思われるかもしれませんが、そこは引かせない。強烈に印象づけて心に刺さる接客をする。

本当はここまでやってはいけないと思います。過剰サービスで、お客様の心を不安定にしてしまう。その当時の私は、そんな配慮もできないほど自分を見失っていました。

背負わなければならないもの

精神のバランスを崩しはじめ、攻撃的になっていた私は、お店のキャストを守るために風俗ブロガーに抗議をしたりもしました。

当時、有料の体験型個人ブログが流行っていて、書かれることは実際のプレイの内容や質についてが多いのですが、なかにはキャストの子の個人情報を晒す内容もあり、大学に通っているらしいとか、タレントをやっているらしいという情報を書かれたりする。「サイドライン」は基本顔出しNGですからそういうプロフィールをばらまかれることは迷惑以外の何物でもありません。

　そういうブロガーを見つけるたびに抗議の書面を内容証明郵便で送りつけていました。プロバイダーには個人や法人の住所が記載されていますが、その記載されている住所すべてに送りつけました。

　いまでこそX（旧Twitter）などの投稿に対する開示請求はメジャーな手段になりつつありますが、その走りだったかもしれません。とにかく、お店とキャストを守るために必死で戦っていたのです。

　このころには私は顔出しをしていました。きっかけはお店のためではなく、セミナーでの活動です。「サイドライン」が成功したことで、新規風俗店立ち上げなどの、起業セミナーの講師に呼ばれることが増えました。その際に話したことをまとめて配信したり記事化されることもあって、そこで「偉そうなことを言いながらモザイクで顔を隠すというのはかっこ悪いな」と感じて、顔出しをするようになりました。

　在籍のキャストは迷惑ブロガーに嫌がらせをされても覚悟を決めてがんばっているのに、私がそういう「サイドライン」の代表として出る場で顔を隠すというのも「違う」と思い、顔を出して看板を張ることにしたのです。そういうストレスも、徐々に積み重なっていきました。

YouTubeチャンネルの立ち上げ

悶々としすぎる日々を送るうち、お客様に向けた不健康な自分のエネルギーの出し方をふと顧みて、吐き出し先がないからそうなってしまうのではないかと考えはじめました。対お客様、対スタッフしか私には世界がない、その狭さがいけないのではないかと思いだし、新たな試みをはじめることにしました。

あくまでお店のプロモーションとしてですが、YouTubeチャンネルを立ち上げました。エロバラエティというよりは教養的なエロを目指していこうと。

そこで漫画家の江川達也さんに協力をお願いして、『エロノワ』というチャンネルをはじめました。江川さんはもちろん『BE FREE!』や『東京大学物語』などの代表作をもつ方ですが、元教師ということと、エロバラエティに出演もされていたのでコンセプトにはまると考えました。

ただ、テーマが前衛的すぎた感はあります。たとえば染色体異常について、男性なのに女性なのか、女性なのに男性なのか、性別とはなにか、トランスジェンダーとは？　といったもの。あるいはポリアモリー（関係者全員の同意を得たうえで複数の相手と性的関係を結ぶ恋愛スタイル）、一人の男性が多くの女性と暮らしている社会とか、いま考えても「早すぎ！」というか尖りすぎたテーマを扱ってました。

江川さんがおもしろがって話してくれるテーマにしようとしたためにそういう方向に振っていましたが、行き過ぎた感じはありますね。

あとは当時も梅毒が流行っていて、啓発のためにそれをいじる歌をつくって、それを音源にしたＴｉｋＴｏｋをバズらせようとしたり、いろいろと試行錯誤をしていました。そういうチャレンジにエネルギーを費やして、お客様に不健全なエネルギーを注入しないようにしていたのです。

『エロノワ』は一本目の動画がアップされましたが、私は再生数を覚えていません。動画は三本分を撮影したのですが、三本目が公開になるころには私は自殺未遂の果てに精神科の病院に入院させられてしまいました。

お客様を自分に依存させないことは
もちろん大事だけど、
自分がお客様に依存しないこともめちゃくちゃ大事。
「この人が来なくなったら困る……」
「この人が他の子に入ったら嫌！」と、
思いはじめるとみるみる関係性は悪化する。
欲求モンスターにならない。

このお仕事で一番大事なことは、
接客や宣伝ではなく、
予約を飛ばさないことだと思います。

お客様が会いたいと思ってくれた、
その瞬間をなるべく逃さない。

性欲はもちろんだけど、
愛情も、好奇心も、ナマモノだから。
腐る前に拾わなきゃ。

私にとってエロは手段。

お客様の心のコアに触れるための
最も有効な手段。

一緒にサッカーをするよりも
一緒にご飯を食べるよりも
エッチなことをしたほうが早いよね？
そんな感じ。

もちろん、お客様側の目的はエロ。
むしろ私にとってそれは好都合で。
気付かれないうちに心に侵食できるから。

VI 転落

自己犠牲と失望

もともと、子どものころは「普通」になりたいと願ってエネルギーをささげてきたのが、いつの間にか普通じゃないところにエネルギーを割くようになってしまっていました。普通の人、サタンになるために「答え合わせ」を続けていたのに、相手の心を深く刺して支配することにまで踏み込んでしまった。どうしてそんなことになったんだろうと、いまになってもよくわからないところがあります。

私は結局、子どものころに拒絶したはずの新興宗教に心の奥底を支配されて、影響され続けていたのかもしれません。

お金に対する妙な潔癖さも周囲がついてこれなくなった一因だと思っています。「サイドライン」の売り上げは絶好調でしたが、店長兼ナンバーワンキャストの私は、開店一年目は無給でした。私にとってこのお店での活動は金銭が目的ではなく、いうなれば奉仕活動くらいのつもりで、それを周りのスタッフにも折に触れて言っていました。

自己洗脳というのか、「お金が目的じゃなくて、みんなのためにこの仕事をやっている、風俗業界のためにやる、そのためにセカンドキャリアで、だから私は無給で大丈夫」と言い続けていました。

反発していた聖書の中の綺麗すぎる世界観が、あるいは心の中で呪いのように生き続けていたのかもしれません。

「私はこんなにみんなのためにしているのに」という感情が私を支配し、仕事が終わって家に帰ると毎晩、お酒に頼るようになっていきました。

詐欺師に引っかかって金銭トラブル

それと、これも私の金銭への執着の薄さが招いたことかもしれませんが、当時付き合っていた三人目の彼氏と金銭トラブルになってしまいました。

その相手は当時四〇歳をちょっと過ぎたくらい、私より一回り年上です。普通にお客様として来た人ですが、なんとなく仲良くなって、付き合うようになりました。百貨店の営業をしていましたが、八〇〇万円ほど貸して、「飛ばれ」てしまったんです。

一緒に住んだりして、一年半くらいは付き合いました。お金は母親の医療費が必要ということで、さらには母親が亡くなったから葬式代を、というかたちで積み重なって八〇〇万円ほどに。

結局、その相手とは貸したお金の返済を巡って裁判を起こしました。こちらの弁護士さんが相手に「この口座は何のために開きましたか？」「お金、本当に財産ないの、アンタ？」とか、いろいろと事実確認をしていくと、だまされていたことがはっきりとわかって。弁護士さんからの報告書が届いたのですが、私はその人が結婚もしていないし、子どももいないと聞いていて、それをバカ正直に信じていたのですが、「この口座は、娘が小学校に上がるタイミングでつくって……」という内容が記載されていて。

「エッ？」、みたいな。「知らんけど」みたいな感じになってしまいました。

しかも、死んだはずの母親がほんとうは生きていたことが弁護士さんの調査で発覚して、もう完全にだまされていました。

お金がないと言いながら、いま住んでいるところが裁判書類に書いてあったのでパッと調べたら、家賃が、普通に一五万円ぐらいしていて。

「払えるやん！」

やさしい人ではありましたが、自分でもなんだかさえない話です。ちょうどもう精神的に参っているときで、まともな判断力が欠けていたのだと思います。いま思えばあの人は詐欺師です。そんなのにちょろくもひっかかってしまうほど、私の心は病んでいたのでしょう。

リアルイベント

このころ、月に一回、お客様とキャストとのリアルイベントをはじめていました。「サイドライン」のキャストの子はほぼ顔出しNGだったのですが、常連のお客様には実際に顔を見せてみようと、五〇人くらいのお客様とキャスト一〇人といった規模で飲み会をするのです。その場で予約していただければ割り引きして、というサービスです。

そうしたリアルイベントの日に、はじまる前の昼間から私は不安定で泣き出してしまい、社員スタッフに「大丈夫なん？」と心配されていました。ただ、もうこのころにはそうやって情緒不安定で泣き出すことはよくあって、社員スタッフも「本当、仕方ないですねぇ」とあきれるような感じだったのですが、不穏ではありました。

イベントの後、参加者や指名数の集計をするために、私は一人で事務所に残っていました。集計を終えて、もう帰ろうというときに、足が動かなくなりました。お酒が入っていたわけでもないのに、帰ることすらできずに「もう本当に無理だな」というレベルに落ち込んでいました。

イベントはあったにせよ、特別に疲れてるわけでもないのに、事務所のあった五階の窓に腰かけて、もう落ちてやろうと。その現場をお店のスタッフにたまたま見つかって、警察に通報されてしまいました。

自殺未遂

通報されたのは、「飛び降りが常習的であり、スタッフのほうも「これはもう無理」と思ったからだと思います。

飛び降りることはそれまでにもあり、二階から飛び降りたり、三階から飛び降りたりとか、頻発していました。下は地面ですが、足の裏に穴が開く程度で済んでいました。職場でまで酒に溺れて奇行を繰り返していたのです。

営業終了後で、スタッフのみんながもう事務所からいなくなって、事務所に一人でいるときに、もうなんか……。そのときは飲んでいないのに、自分がお酒を飲んでいたかどう

VI 転落

かもわからない。「もう無理」ってなって、五階の窓に腰かけて、「落ちたろう」っていう瞬間に、たまたまお財布か携帯かなにかを事務所に忘れたスタッフが帰ってきて見つかって、もうこれは限界と警察を呼ばれて、保護されてしまいました。

二五時くらいに連れていかれた池袋警察署のほうでは、このまま帰してはいけない、危ないということになり、警察の人から「だれか迎えに来てくれる人はいますか?」って聞かれたのですが、私が連絡をして迎えに来てもらえるような人は、詐欺師の元カレぐらいしかいなくて。しかも、そもそもその詐欺師は、そのときはもうすでにほとんど去っていましたし。「半飛び」ぐらいな感じで連絡もつかなかったから、もう寄る辺もなく「ウーン」と私も参ってしまいました。

お店には、緊急連絡先を記した従業員名簿がありました。お店のスタッフがそれを警察に渡したので、実家に連絡がいき、早朝、車で両親が迎えに来ました。深夜の一時くらいの連絡だったのに、五時間くらいかかって愛知から来させてしまいました。その間、警察署のソファーで渡された毛布にくるまって横になっていました。留置場に入れられたわけではありません。

強制送還

その当時の私はメンタルが最悪でしたから、「てめえらが来んのか」と内心では親に対して敵意むき出しで、「いままでほっといたくせに、私が家族を嫌ってることに気づいていたくせに、何にもしてくれなかったのに、いまさら来んのか」と。

情緒不安定に陥り、マイナス思考になっていたんだと思います。「なんで自分はこんなに弱いんだろう？　なんで実行力がないんだろう？　自分の手で人生を回していけないのはどこに原因があるんだろう？」と自問自答するようになり、そもそも親が自分にちゃんと向き合ってくれなかったからだ、私が宗教に反発していたことを家族の議題にすらあげてくれなかったからだ、親が悪いと憎むまではいかないにしろ、家庭環境のせいで私はこんなにメンタルが弱い人間になってしまったんだと、ふつふつと恨みの感情を抱いていきました。

とはいえ、警察署で対面したときにはひたすら無言でした。「迎えに来てくれてありがとう」とも「迷惑かけてごめんなさい」とも言わず、ただ黙っていました。

親の車に乗せられて、そのまま愛知県の実家に行き、家に着いたのですが、私も、両親も、ずっと無言でした。乾いた空気感が車内を包んでいたような気がします。

そしてその日、生まれ育った愛知県の病院の精神科に連れていかれ、そのまま入院となりました。

もう、有無を言わさずです。

担当医から「前日に自殺未遂して、警察に連れていかれましたよね?」と詰められ、「はい」「もうじゃあ、措置入院です」と。私の意思とは関係なく、保護としての措置入院です。

私は実家とはほぼ絶縁状態でしたし、このときまで風俗嬢をやっていることを家族には伝えていませんでした。悲惨なかたちでの「親バレ」となってしまい、さらに親元に一時的に戻ることになってしまいました。

親と向き合う

自殺未遂で強制入院となった私ですが、その現実を深刻に受け止めることができないほど、いま振り返れば不安定な精神状態だったようです。

担当医との面談で、飛び降りようとしたなら入院ですと告げられて、とっさに私の口を

ついて出たのが、

「えっ？　来週、大事な会議があるんですが、（東京に）帰れますか？」

仕事に追い立てられて、やらなきゃいけないという責任感にとらわれすぎていたんだと思います。

入院期間は二ヵ月でした。どういう治療をするとか、今後のことはなにも聞かされなかったのですが、薬も処方されませんでしたし、私が不安定でなにかと過敏になっているので、危なっかしいから入院させておこう、という感じだったのかもしれません。

家族とは疎遠になっていたので、そのときが四〜五年ぶりの再会でした。入院してすぐのときは、見舞いというか面談に来ても、ぜんぜん話す気がなくて追い返していました。母はもともと看護師だったこともあり、入院のときの注意事項とか、必要なケアについての知識があり、面談のときはノートを持参していました。「これに書いていっていろいろと気持ちを整理してみよう」と言われたのですが、私は内心で「いまさらなんやねん！」と反発して、相手にしていませんでした。

そして入院から一〇日ほど経って、はじめて母にブチ切れて、「ずっと宗教が嫌いだった」とぶちまけました。ほとんど八つ当たりなんですが、「そもそもこんなふうに人生がうま

VI 転落

くいかなくなったのは宗教のせいで、子どものときに宗教の行事や施設に連れまわされたからだよ、わかってる?」とぶちまけました。

すると母は、いつもの低いテンションで「あ、そう」と認めて、「ごめんね」とは言いつつ、私が家に帰らなかったのは父親と合わなくて反抗期がきつかったからだと思っていたと、さらっと言いだして。たしかに父とはよくぶつかっていましたが、それは宗教の影響でなにもかもが本音ではなくウソくさい家族の雰囲気に対する反発で、壁に穴を開けたりもしていて、そこで怒鳴って叱ってくれたのが父親だけだったからです。

母は二ヵ月の入院の最後のあたりでは「お母さんもあのとき（三女を産後すぐに亡くしてしまったとき）大変だったんだよ」と心情を吐露することもありました。そうやってネガティブな言葉を母から聞いたのは入信後、はじめてだったような気がします。

それまでは宗教が嫌いでも母にそうした感情を口に出して伝えることはありませんでした。母が私を連れていくのは教義にある「復活」のためということはわかってましたから。復活は家族全員で成し遂げるもの、亡くなった赤ちゃんとともに家族みんなで「再生」するために母がやっていることだったので、その活動を面と向かって否定することは私にはできませんでした。

ですから、ほとんど実家には帰っていませんでしたが、険悪な関係ではなく、遠くなったなという感覚だったので、母が気づかなかったと言ったのも無理はなかったのかもしれません。その当時の私は完全に病んでましたから、異常に攻撃的になっていたのです。

妹も薬剤師をしているので、医療的な観点からか、病んでいる私を刺激するような説教などはしませんでした。母と妹は入院中、とにかくソフトに私に接していました。私はそういう扱われ方もシャクでした。病んでいた私ですが、自分がおかしい、イカれてるとは認識していなくて、それに他責的になっていましたから、「私のせいでこうなったわけじゃないんだ」と、冷めた母や妹に対して一人で熱くなっていました。

脱走を試みる

その精神科の病院からどうやったら出られるんだろう？　とばかり考えていました。部屋の窓には鉄格子があり、自殺を予防するためカーテンもなく、ひものようなものも室内にはいっさいありませんでした。

私は入院しながらもずっと、東京に戻りたい、仕事に戻りたい、戻らなきゃいけないと考えていました。病みちらかして自殺未遂までしたのに、まだどこかポジティブなところは残ってたんでしょうか。

正直、「サイドライン」の経営を今後も続けていくことはあきらめてはいたのですが、それでも会社を整理するにしろだれかに引き継ぐにしろ、自分が責任をもってやらなきゃいけないと思っていました。

それと、このまま親元にいて監視されて生きていくのが耐えられなかった。入院から二ヵ月が経ち、退院することができました。ただ、それは実家で親の監視下にいることが暗黙の条件でした。とくに父は怒っていました。「もう絶対に東京には行かせない」と厳しく言われて、また反発していました。

私は実家から脱走を企てました。夕方、カバンを持って出て行こうとしたところ、あっさり母に見つかり、マンションの玄関で押し問答になりました。私が力ずくで出ていこうとするので、また警察を呼ばれ、あえなくつかまってしまいました。それでまた入院です。「入院だけは嫌だ」と抵抗はしたものの、同じく鉄格子の部屋でしたが、今度は手足を拘束されました。

最初の入院当初は見舞いに来ればケンカをふっかけるような雰囲気でしたが、私も密室に隔離されて、家族以外に話し相手もいなかったので、徐々に打ち解けていきました。やはり鉄格子の部屋で閉じ込められ、拘束までされて縛りつけられていると、どんどん生気を吸い取られていくように苛立ちや焦りがトーンダウンしていきましたから。なんだかいろんなモチベーションが消えていって、無の境地のように心が穏やかになっていきました。

そうして親と話し合う中で、改めて、私が家を出たい理由、新興宗教が私には合わない、父親とも母親とも考え方や価値観が合わない、ということをはっきりと伝えました。

そのうちに両親のほうも、そうだよね、仕方ないね、とあきらめるように納得してくれだしました。両親は自殺未遂については重くとらえていて、危ないから目の届くところに置いておきたいという考えもありつつ、ただこの家には価値観も合わないしいたくないんだろうなと、秤にかけて考えていたと思います。それで、最終的には私がより健康的に生きられるほうを選ぶ、ということで東京に戻ることを認めたようです。

DMMに入社

そうして二度目の入院から二週間ほどで退院すると、両親からも、「そうだよね、いままでごめんね」という感じで東京に戻る許しが出ました。ただ、東京に戻って風俗業を続けることは「その業界で心を壊してしまったんだからやっぱり無理なんじゃないの」という理由から認められませんでした。そこで、ちゃんと普通の（昼の）会社に就職するなら東京に戻ってもいいと言われたのです。

就職活動のため、晴れて私は東京に「凱旋」を果たしました。就職活動には前職の伝手《つて》を使いました。お客様に転職エージェントをされている方がいて、担当になってもらい、アドバイスを受けました。「サイドライン」の経営をしていたことを履歴書に書くべきかどうかも悩みました。

そこでそのエージェントの方が、「会社によって有利に働くか不利になるかは違ってくると思うけど、書いたほうがいいと思う」と言ってくれて、堂々と明かして応募を試みました。「サイドライン」の売り上げは評価されるだろうし、ベンチャー系の毛色が強い会社や立ち上がったばかりの小規模なスタートアップ企業なら意外と関心を持つかもよ、とのことでした。

あとは、最初に就職した制作会社での経験を生かして、作品をまとめたポートフォリオをつくり、それを添えてデザイン系の事務所にも応募しました。

結果、いくつか内定をいただきました。ただ、その当時はやはりまだ元気がなく、厳しい環境でがんばりきれる自信がありませんでした。デザイン事務所は小規模なところが多く、二人しかデザイナーがいないようなところでノルマをこなしていくのはちょっと無理な気がしていました。

二〇一九年の八月、もう二八歳でしたが、大手の事業会社DMMに就職しました。DMMは名の通った大きな会社でしたし、アダルト部門も充実していたので、それが決め手になったと思います。風俗店の経営者という過去を堂々と明かして働いていけるというのは魅力的でした。

仲間への悔恨

「サイドライン」の店舗は残っていた社員スタッフの関係者に譲渡しました。私にとって不本意だったのが、「サイドライン」の会社としての経営権が付き合っていた元カレ詐欺師にわたってしまったことです。もともと、大手広告代理店勤務の夫婦に会社の立ち上げを手伝ってもらってその夫婦にあわせて五一パーセントの株を与えたわけですが、私が自殺未遂を起こして強制的に実家に「送還」されたことで、連絡がつかない間にその元カレが社長になってしまったのです。

大手広告代理店の夫婦の所有株は二人で五一パーセントだったのですが、離婚していて、奥さんの分の株が旦那さんにわたり、その旦那さんが五一パーセントの所有権を持つことになっていました。入院中で身動きがとれなくなっていた間に、どうにもできなくて、母親経由で郵送で経営権の譲渡を承認しました。母親の目もあり、私からほかの弁護士に相談するような余裕もなく、結果的に実質の経営権はその旦那さんにわたってしまいました。

その元カレと大手広告代理店勤務の人を会わせてはいたんです。そんなに仲がいいとは思えなかったのですが、私のトラブルで直接、連絡をとってしまったんでしょうね。その元カレ以外に私のことがわかる人も知らなかったでしょうし。「あいつはいまどこにいるんだ」「どこの病院に入ってるんだ」「なにをやってるんだあいつは」みたいな感じで、お店が心配になって聞き出そうとしたんでしょうね。

そして、大手広告代理店の人は風俗店の代表にはなれなかったので、元カレが代表になってしまったのです。後に私は裁判でそのことを登記簿で確認して知ることになり、「うん？なんだこれ？」ってとなったのです。

私が入院中に、サイドラインでは「まりてん引退式」というキャストとお客様によるリアルイベントが開催されたとも聞きました。私がお店の金を持ち逃げしたとか、病んでお店を捨てたどうしようもないヤツだという触れ込みで、私が現れて釈明なのか懺悔なんだかをするという趣旨だったようです。私は入院中でまったく知らずに後からそういうイベントが開催されたことを知って、自暴自棄にもなっていました。

残念ながらいまではもう「サイドライン」はお店自体がなくなってしまいました。やはり私が自分で前面に出て引っ張ってきたお店ですから、私が不在となると廃れていくのは致し方ないとは思います。

「サイドライン」を潰してしまったことで、なにより悲しかったのは、一番信用して一緒にがんばってくれた社員スタッフにひどい仕打ちをすることになってしまったことです。彼女からすれば、あれだけ私と一緒にがんばってきたのにお店ごと捨てた、と感じているると思います。

自殺未遂を起こすまでの最後のほうの私は完全におかしくなっていました。その私をなんとかして支えようとしてくれたのが彼女でした。

毎日わけもわからず泣いて、叫んで、事務所でお酒を飲んだり、出勤前から飲んでいたり……すぐに飛び降りようとするし、あぶなっかしい。それでいて、接客中だけはまともでした。接客中だけはシラフのようにまともになれる。そこがまたさらに危うく思われたのでしょう。

そんな壊れた私が心配だからといって、わざわざ私の自宅マンションの向かいに住みはじめたんです。毎日、お弁当までつくってくれて、「ほら、会社行きますよ」と連れ出されて。一緒に、お母さんみたいに付き添ってくれて、会社に行って帰ってを繰り返して。

それが結局、私が自殺未遂で離脱したあげく、あれだけ大事にしていたお店も、もういらないとばかりに権限を受け渡してしまったわけですから、裏切られたと思われても仕方ありません。それは私の心に残った深い後悔と懺悔したい過去です。

よく勘違いされること。

私はYouTubeを通して、
風俗嬢の地位を向上させたいわけでも、
風俗業界を健全化したいわけでもありません。

「自ら選ぶはずがない」と言われるこのお仕事を、
楽しんでやっている人間も中にはいるよって、
表明したくてやっています。

誰かを救うとか、変えるとか、私にはできない。
だけど、もしひとつだけ願うとしたら、
「きっと嫌々接客しているんだろうな」と思っている
お客様の気持ちを変えたい。

Ⅶ　再起

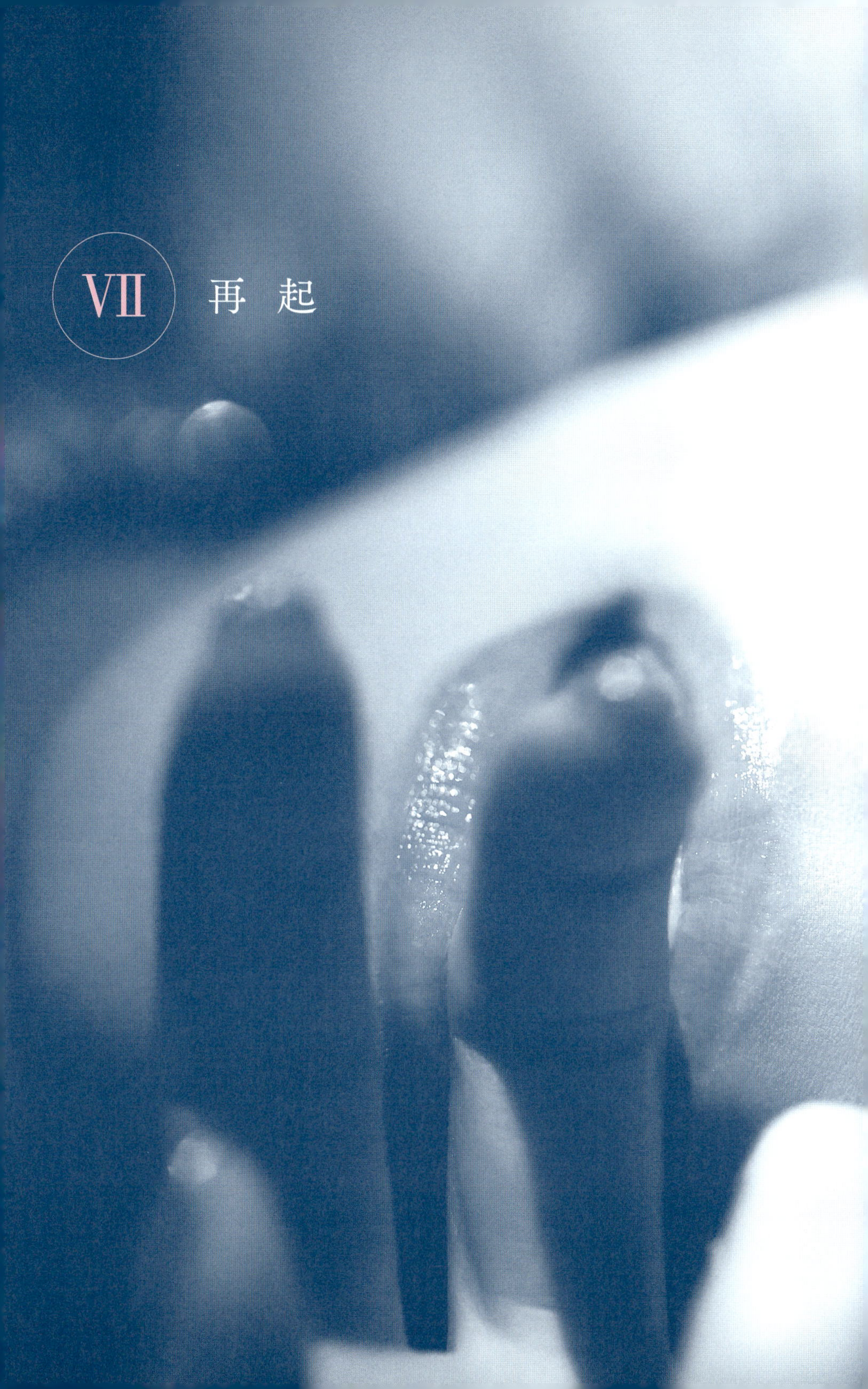

WEBプランナー

再び東京で働きはじめたDMMでは、主にアダルト部門を担当するWEBのプランナーをしていました。WEB広告を出稿したり、メルマガをいろいろとアレンジしたりしました。たとえばあるコンテンツを買った人には、これとこれとこれを紐づけて訴求するなど、画面上でもそういうコーディネートをしていきます。そういう、利用者の裏側で、商品と商品を紐づけて、だれにどういうアプローチをするかについて戦略を組むチームに在籍していました。

やはりDMMは多種多様というのか、元ホストの人とか、何かに追われて名前を変えているようなツワモノもいました。システムエンジニアの人は別待遇でしたが、そのほかの社員は肩書もとくになく、みな一緒、兵隊です。そして、それぞれが役割を割り振られていく。私はWEBプランナーでした。

DMMは新規事業がボコボコとあちこちでしょっちゅう立ち上がり、そのたびにあっちで招集、こっちで招集と、人がよく動く会社でした。社員だけではなく、付随して社外のスタッフもあっちに動き、こっちに動く。そしてそういう新規プロジェクトは戦略的に早々に潰したりもするので、招集、解散の連続。とにかくそういう人の動きが激しい会社でした。

せっかく就職したDMMでしたが、半年くらいで辞めることにしました。やはりキャストとして風俗嬢をやりたかったからです。

DMMは人の動きが激しかった会社ですから、「ま、また待ってるから」くらいに言っていただいたのですが、一方で、もう三〇歳になろうとしていた私に、「三〇を超えてくると、規模の大きい企業に勤められるチャンスはもうこれで最後だと思うけど、大丈夫？」と、職責というより、人として心配をして声をかけてくださる上司の方もいました。

ちょうどこのころから新型コロナが猛威をふるいはじめ、風俗業界全体に大変な逆風が吹くことになるのですが、そのさなかにも「そっち大変なんじゃない？　戻る？」とお誘いもいただきました。戻ることはありませんでしたが、ありがたかったです。

『ホンクレch』の立ち上げ

風俗業界に戻ることを決意した私ですが、一方で「サイドライン」での失敗の傷から完全に立ち直れたわけでもなく、やっぱり私にはお店の経営は無理だ、自分がマネージメントしなければいけない関係者が多すぎるのはしんどい、という意識がありました。

とはいえ、一人のキャストとして業界に戻るというのにも抵抗がありました。

三〇歳に近づいた年齢ということもあり、キャストとして通用しなくなったときになにが残るのかと不安でもありました。大手の事業会社であるＤＭＭを蹴ってまで、一生風俗業界で生きていくからには、なにか新しくキャリアをスタートさせて走らせておかなければ、この先怖いなという不安は正直ありました。風俗嬢はその日その日の売り上げがすべて。先行きの保証はなにもありません。だから、長期プロジェクトとして、先々に収入の柱となる事業を並行して進めておきたかったんです。

そこで、スタッフなどの関係者が多い風俗店の経営ではなく、風俗業とからめてできそうなことは何かと考えて、ＹｏｕＴｕｂｅにたどりついたのです。「サイドライン」の末期に、江川達也さんとＹｏｕＴｕｂｅチャンネルは立ち上げてましたから、一応ノウハウはありました。

ちゃんとコンセプトを設計しなおしたらいけるかも、という気持ちもありましたし、ＤＭＭで短期間にせよ働いたことで、ＷＥＢのマーケティングやプロモーションにも多少は明るくなったと思います。当時、ＹｏｕＴｕｂｅのコンテンツとしては、キャバ嬢やホストのチャンネルが跳ねていました。この流れなら私のエロバラエティもいけるかな、という読みもありました。

立ち上げたのが『ホンクレｃｈ』です。この名の意味は「本指（リピーター）になってくれますか？」の略です。チャンネル名から風俗業界の内容だと認識できるようにしたかったのと、何度でも再生（リピート）してもらえるチャンネルにしたい、と思って名づけました。

『ホンクレｃｈ』のコンセプトは、「業界をもっと明るく！」です。実際に風俗店に勤務する現役風俗嬢に出演してもらって、風俗業界にまつわる裏話やあるあるネタとともに、私たち出演者の日々の生活をドキュメンタリータッチで配信しています。

風俗業界には暗くて汚いというネガティブなイメージばかりが先行しています。もちろん業界のなかにはそのイメージどおりのお店もキャストもあるとはいえ、楽しんで仕事をしている女の子もいることを知ってほしいという想いからはじめました。

ターゲットは男性です。

二〇二〇年二月から『ホンクレｃｈ』が立ち上がりますが、その前年の暮れあたりから私の相方を探していました。そのときにたまたま当時のＴｗｉｔｔｅｒ（現Ｘ）で「お久しぶりです」と声をかけてくれた「サイドライン」にいた「すーちゃん」というキャストの女の子がいました。そしてすーちゃんに改めて会ってみると、ああ、この子かわいいし、話もうまいなと思ったので「一緒にやろうよ」と誘い、はじめることができたんです。

すーちゃんはそのころ、自分のお店を立ち上げたいと考えていました。そのために資金が必要だったのと、宣伝のためもあったと思います。実際に彼女はM性感のお店を立ち上げました。

『ホンクレｃｈ』のスタッフには「サイドライン」の仲間たちが参加してくれています。私としては、あんな目に遭わせたのによくついてきてくれて、とありがたく思います。「サイドライン」では挫折してしまいましたが、あのときの仲間同士で、エロに携わってもう一度ビジネスをやってみようというリベンジマッチの空気もあったとは思います。ただ、私から離れていった、一番私のことを心配してくれたあのスタッフは入っていません。私の勝手なわがままですが、いつかその子と関係が修復できればいいと願っています。

ネタづくり

『ホンクレ』でどういうネタで回すのかは、私が考えて決めています。同業他社というか、自分が思いついたテーマやワードが被っているチャンネルはとにかくいっぱい見て研究します。

あとはホストやゲイの方のチャンネル、（新宿）二丁目モノとかはとても参考になりました。もろにエロいテーマとMCの人格があらわされる回を交互に出すことで、エロを表の人格でコーティングするというのか、回数を重ねて見ていくと私たちの人柄、中身が伝わるというかたちが、私の接客スタイルにもつながる気がして取り入れています。

エロいキーワードでとがらせる回と、エロい露出でとがらせる回、その中に私たちの人格を語る回をまぶしていきます。そういうサイクルで、チャンネルの固定視聴者を増やしていく戦略です。

短い期間でしたがDMMにいたことも、もちろんプラスにはなりました。やっぱりエロは「数字」を動かしやすいと実感していましたし、（AV）女優さん関連の仕事も多かったので、DMMにいたときから女優さんのチャンネルを注視するようになっていました。

ネタもそうですが、「等身大」というイメージは常に意識しています。高級に見えすぎない、実体よりも大きなもの、きれいなものに見えないようにする、という意識です。キラキラと風俗業界の「いい部分」「よく見える部分」だけを取り上げて伝えるチャンネルにはならないように気をつけています。性病だったり、ヤバいお店やひどいお客様のエピソードもちゃんと出します。

風俗業界を「等身大」ではなく、実体以上によく見せたいわけではありません。正直に言えば、この業界に入らないほうが幸せな女性もたくさんいるからこそ、「等身大」で伝えたいと考えています。

『ホンクレｃｈ』は立ち上げから半年くらいでメディアにも取り上げられるようになり、注目され出しました。現在（二〇二四年一二月時点）は登録者数が一三万人にまで伸びています。

再びデリヘル嬢として

デリヘル嬢としての現場復帰は『ホンクレｃｈ』立ち上げとほぼ同時期です。そのころ、すごく勢いがあった新宿歌舞伎町のお店でした。復帰に際して、あの「まりてん」が復帰するということを拡散できる発信力の大きいお店ということで選びました。「サイドライン」の終盤から、もう私の名前は「まりな」から「まりてん（まりな店長）」になってましたから、復帰も「まりてん」です。店長は無理とはいっても、名前を「まりな」に戻してわざわざ発信力を鈍らせる必要はないと、そのへんはあっけらかんとしていました。

とはいえ、その歌舞伎町の店舗はキャストの在籍数の規模の大きいお店だったのでランキング競争も激しく、私はずっと一位ではいたのですが、一位を維持するためにはある程度の出勤日数を確保していないと厳しい。そこはしんどいなってなって。かつ自分のお給料にもそのランキングが反映されて、お客様の支払う金額もそのランキングによって上下するお店でしたから、『ホンクレｃｈ』が本格稼働しはじめてくると両方はがんばれないという状況になっていきました。

そこで、そもそも私はデリヘル嬢としての自分のことは自分で全部管理ができるわけだから、もう少し自由にできるところにしようと考えるようになりました。

移転したのは五反田の「リブラン」というお店です。そこはもう個別契約というのか、月末に私がその月の売り上げとして二五万円を支払えば、あとは私が自由に働くというスタイルでした。お店のほうで風営法の届を提出してもらって、トラブルなどの緊急対応とか、法律面での対応をしてもらって、あとは自分で電車やタクシーに乗ってお客様に会いに行き、勝手に別れて帰るというかたちで、二五万円以上の稼いだ分は私の取り分になります。一応、いまこういうふうに稼働してますという報告は入れますが、あとは勝手にやっていました。

ブレンダに入店

五反田の「リブラン」で一年ほど働いたあと、私は八ヵ月ほど休職します。この理由はすでにＹｏｕＴｕｂｅなどで語ってはいるのですが、三〇歳も超えてきて、いつまでも現役の風俗嬢を続けられるかどうかわからないという中で、それでもいつか自分の子どもを産んでみたいとは考えていました。そこで卵子凍結のためにしばらくお休みをいただいたんです。

そこからの復帰となったとき、このあとどうすべきかと立ち止まって考えてみたのです。その当時はＹｏｕＴｕｂｅを通して一般的な認知度は上がり、取材を受けることも増えてはいましたが、風俗業界での風俗嬢としての認知度は下がりはじめていました。「リブラン」では自由に働いていましたから、ランキングに入ってくるわけでもありません。業界最大手の風俗情報サイト「シティヘブンネット」にアクセスしてもいない。すごい風俗嬢として名前はみんなが知っていても、ＹｏｕＴｕｂｅではよく見るけど、風俗嬢としては活動していないんじゃないか、実体がないんじゃないか、という評価になっていました。

そこで、もう少し風俗嬢としての実体を持たせたい、自分の存在をもう一度業界に知らしめたい、となりました。

いま在籍している「ブレンダ」渋谷店はとても規模の大きい店で、ブレンダが所属する「アインズグループ」も巨大です。そのお店でランキングに入る、グループ全体のランキングに入ることで、風俗嬢「まりてん」健在なりと知らしめることができる。そこで「ブレンダ」に入店することに決めました。

私はファンクラブを通して予約をとったり、性病検査もお客さんに義務付けたりする、かなり特別扱いな待遇で働かせてもらってます。ほかの一般的な店舗さんだと、そういうあまりにも一人のキャストを特別扱いすることは難しいし、看板キャストをつくることがお店の衰退につながることもあり得る業界なので、そういう特別な条件を受け入れてくれるのが「ブレンダ」でした。

「ブレンダ」は関西系のグループで、「そういう新しい風、おもろいやーん」といった関西ノリで受け入れてくれました。東京に進出して間もないころで、私という起爆剤がほしかったという狙いもあったと思います。

先にお話しした風俗サイトの「シティヘブンネット」では、全国の風俗嬢の総選挙「ミスヘブン」を毎年開催しています。各都道府県別の選挙、業種別の選挙があり、勝ち上がった風俗嬢による「ミスヘブン」決定戦が行われます。二〇二三年度の「ミスヘブン」総選挙に出場した私は、六万票の投票をいただいて、栄えある「ミスヘブン」として、全国の風俗嬢の頂点に立つことができました。

「ミスヘブン」にエントリーしたことは過去にもありました。DMMを退職して新宿歌舞伎町のお店に在籍していたときのことですが、そのときは東京地区での一位を受賞してはいました。

「ミスヘブン」を受賞するには、出場する風俗嬢の力のみではなく、在籍しているお店の力も大きかったりします。「ブレンダ」は「ミスヘブン」の一位を過去に取ったことがある店舗なんです。だからこそ「ブレンダ」にしたというのはもともとあったのですが、そうはいっても全国総選挙なので当然、運もあります。なので、私も内心ではグランプリは難しいかなと思ってはいたのですが、受賞することができました。

「ブレンダ」に入店したのは風俗嬢として、もう一度、自分の知名度を上げるため、ブランディングのためでしたから、「ミスヘブン」ももちろんグランプリを狙ってはいたのですが、実際に取れて、「取れて当然」とはまったく思えませんでした。

ともあれ、自分のキャリアとして「ミスヘブン」に輝いたことは、とても重要で、光栄なことだと感謝しています。

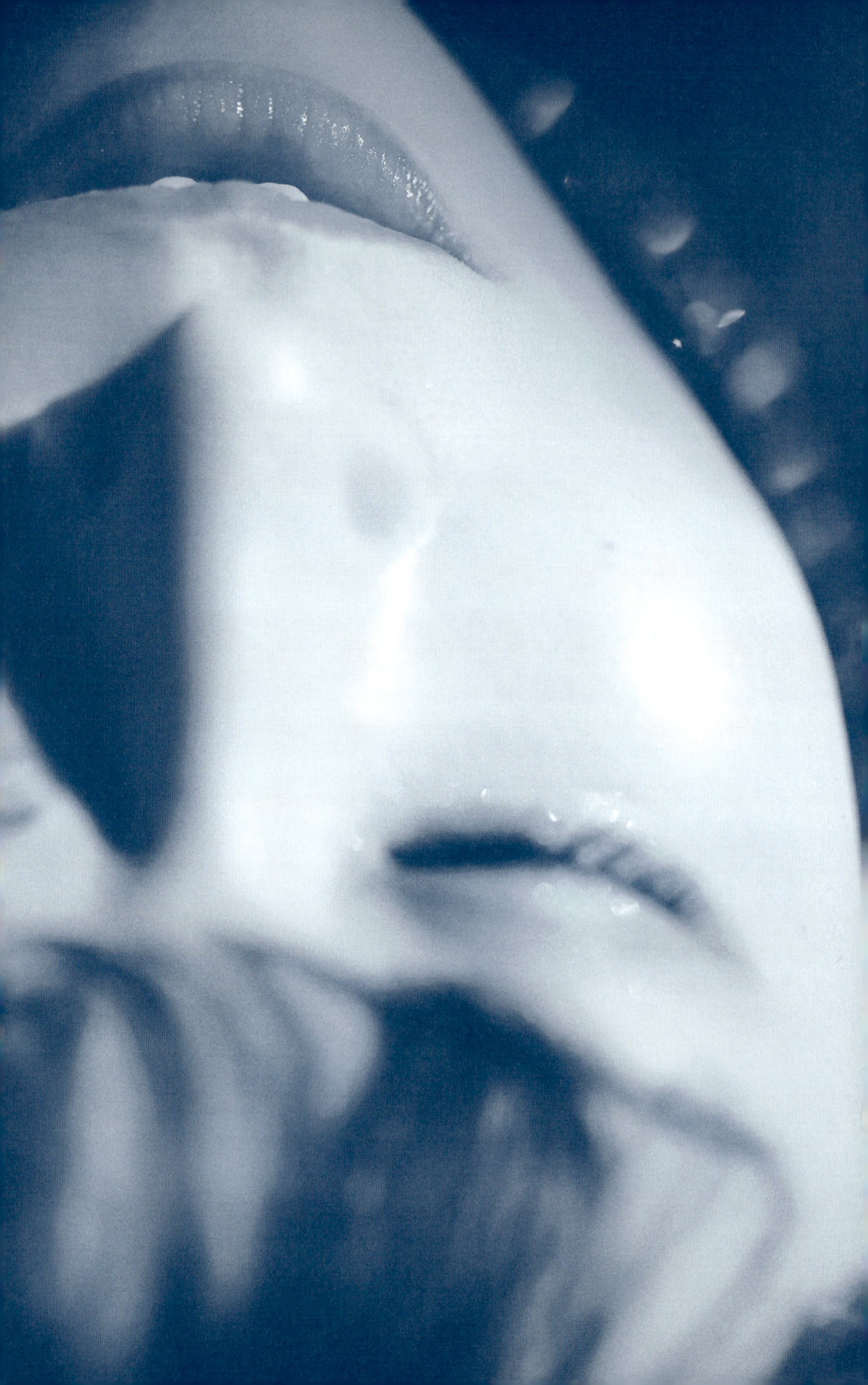

Ⅷ 私って何者？

相方るるたん

いまの私は、風俗嬢としてはありがたいことに四ヵ月先まで予約が埋まっています。新規のお客様はファンクラブに入会しているサブスク会員のみです。

二〇二四年には『ホンクレｃｈ』の登録者が二〇万人を突破しました。すーちゃんからはじまったホンクレメンバーも六人ほど入れ替わりながら、いまは三期生のるるたんと二人体制で二年ほど活動しています。

るるたんとのなれそめは、三年半ほど前、私がＤＭＭを辞めて歌舞伎町の店舗でキャストとして復帰したころに、店舗に予約を入れて会いにきたんです。予約を取る前に私にＤＭ（ダイレクトメッセージ）で「会いに行ってもいいですか？」と問い合わせがきました。

キャストの女の子から予約が入ることもたまにあります。相談に乗ったり、接客のアドバイスをしたりします。ただ、相手がどういうキャストなんだろうと、会う前にリサーチはします。人気があるのか、どういう写メ日記を載せているのか、などなど、入念に調べます。るるたんの場合はその時点で超売れっ子でしたので、いまさら私に何を聞く気なんだろう？　と怪しんで警戒した覚えがあります。

ビジネスホテルで実際に会ったるるたんは、聡明で自分の言葉を大事にする人でした。そのあとに『ホンクレ』で潜入メンバーを募集したときにも参加してくれて、ホンクレチームの一員になりました。潜入メンバーというのは、店舗に体験で入ってみたり、突撃レポートのような企画のときに派遣される人です。

るるたんは大学で法律を学んでいるだけあってしっかりしていて、知識も豊富です。るるたんが相方となってから『ホンクレｃｈ』の登録者数は倍に増えました。

広がる活動

サブチャンネルとして、風俗嬢向けのＨＯＷＴＯチャンネル『まよたいー真夜中の待機室ー』も二〇二一年三月から開設しています。こちらは男性向けの『ホンクレ』とは違い、働く女性向けのチャンネルで、スポンサーについてもらいながら風俗で働くうえでの接客術やモチベーション維持の方法などを知らせる、実戦的な内容です。『ホンクレ』のスタッフや過去メンバーたちが、『ホンクレ』の登録者数が伸びていくなかで、女性向けの企画もできるのでは？　と提案してくれたところからはじまりました。

このチャンネルは正直、利益率が高いです。世の中的には、風俗業界向けの活動を地道に行っていると慈善活動家のようにとらえられているところがあるのですが、実際は、私自身にそこに対する使命感はありません。私はやはり「サイドライン」時代のパンクした経験から、そういう身に過ぎた使命感や責任感はもてなくなっているかもしれません。

私の性分なのかもしれませんが、実体のない善意には懐疑的です。不健全だと感じてしまいます。『まよたい』はビジネスとして成立したうえでだれかのためになる活動をしているので、私的には座り心地がいいのです。これを扱うことで得をする人がいる、そういう大義名分が成り立つうえでの善意なので、健康的かなと考えています。

そういうビジネスとして成立しない善意というのはもろくて崩れやすい。独善的になりやすいですし、「ただただ人のため」と奉仕するのは、私的には結局は自分に過度の負荷をかけてしまう、ひいては継続力のない不健全なことだと考えてしまいます。

『ホンクレ』のMC二代目の相方が性的なマッサージの講師をしたいと考えていて、彼女のためにも『まよたい』が宣伝媒体として使えればいいなという気持ちもありました。『まよたい』の動画企画の一環として、地方興行をしています。全国の風俗店に出稼ぎにいくという仕事です。この発案は、私が在籍するということは、その地方地方のお店にとって、とても宣伝効果があるので案件として売れるんじゃないか、というところからきています。

試しにやってみたらけっこうな引きがありました。最初に訪れたのは高知です。そのお店は出稼ぎ専門店で、キャストは地元の子ではなく寮で生活しています。「サイドライン」時代からSNSでつながっていた店長のこでっちさんとやり取りして、集客と求人（キャスト）を得るためのタイアップとして案件化して、私が実際に現地で寮や事務所、スタッフさんを紹介し、在籍キャストとして体験します。もともと知り合いの店長さんなので、実際のところ、このパッケージが店舗側として成り立つのかどうかという視点も実施後に確認することができました。

一週間、その出稼ぎ先の「写メ日記」を書いて、在籍嬢に私を載せる。そこでアクセス数を一気に上げて、それプラス、最後の一日は出勤して、そのときにYouTube用に録画して、公開するというパッケージを売っています。

私を在籍させる人件費はその出稼ぎに行くお店にとってはほかの在籍嬢よりも破格に高くはなるのですが、広告効果を期待してのビジネスモデルです。私自身も首都圏で働いていることもあって地方での認知度はあまりないところを上げていきたいという目的もありました。

奥が深い風俗業界

そういう出稼ぎでおもしろいのは、やっぱりそれぞれお店によって、やり方や大事にしていることが違うのがわかることです。

私がふだん勤めているところは高級店で、四ヵ月先の予約をいかに埋めるかみたいなレベルで日々戦っているわけですが、たとえば地方ではないのですが、東京・鶯谷の「デッドボール」さんに行くと、まったくもう環境が違いました。「デッドボール」は「レベルの低さ日本一の風俗」を売りにしているお店です。お店では、電話口で店長さんがお客様に謝ってるんです。「すみません、今日、この子、退店になっちゃって」というように予約キャンセル代をどうするかと連絡していて。女の子の急な退店なんてよくある話だから、

「大変ですね」と電話が終わったあとに話しかけてみると、

「そうなんですよ。その女の子、昨日、お客様、殴っちゃって」

そんなことあるのかな、とびっくりでした。

ところが実際は、キャストの子たちの救済所になっている一面もあるんです。「デッドボール」では、面接時に「精神安定剤や睡眠薬を服用中ですか？」と聞かれました。そんなことを面接で聞かれたお店ははじめてでした。これは、そういうキャストの子を採用しないという意味ではなく、逆に精神的な悩みを抱えている子でも、休みやすく、相談しやすくするための試みだそうです。ほかのお店で当欠(当日欠勤)を繰り返して働けなくなったキャストでも受け入れていこうという、志のあるお店です。

ほかにも人妻専門店とか性感マッサージとか、違うコンセプトのお店だったり、安いところにも区別なく行きます。

風俗業界もいろいろな世界があって、奥が深いというか、自分が知らないだけでいろんなことが起きてると知らされます。

引退を考えるとき

いまの私には携帯で連絡をマメにとれるお客様が二〇〇人ほどいます。ほとんど連絡がなくても連絡はつくという距離感だと二〇〇〇人くらい。コンスタントに会いに来てくれるお客様は五〇人くらいです。それが私にとってもちゃんと回していく上では限界の数です。

引退はいずれすると思いますが、そのあともファンの方々とは触れ合いながら生きていきたい。いずれはスナックやバーをやりたいと思っています。いまも私が接客する「まりてんバー」は定期的にやっています。

「サイドライン」時代にもリアルイベントはしていましたが、『ホンクレｃｈ』でも定期的に合宿やバーベキュー、ピクニックといったリアルイベントもしています。『ホンクレｃｈ』のファン同士が仲良くなっていくとコミュニティが盛り上がるからです。極端な話、私がいなくてもコミュニティがぐるぐると回っていくというのが理想だとは考えています。

キャストとしてのまりてんに、私が執着するフェーズはもう終わったと感じています。「ミスヘブン」全国一位を獲得したということもありますし、これ以上の高みは目指すことができません。私は逆ナンや接客で「答え合わせ」をずっと続けてきて、それに対して依存していたのですが、入院を経て復帰して、三〇歳を過ぎたあたりから、そういう「病」がすーっと消えていきました。

飢餓感が薄れてきたと感じています。それが良くも悪くも接客につながっているのか、「サイドライン」の終盤の精神のバランスを欠いていたころのほうが接客は冴えていたとは思います。いまは『ホンクレｃｈ』も『まよたい』も順調、「まりてん」というブランドも順調です。おかげさまで満たされているのです。

飢餓感があるときは楽しいことをやってみようという気にはなれなかったと思います。そもそもからっぽすぎて「楽しい」という感覚が乏しかったし、どうすれば満たされるのか、必要とされるのかをいつも考えていました。いまは満たされたからか、リアルイベントでファンの方と触れ合うのが楽しいと感じています。

店長として集客と求人を追い求めて孤独と飢餓感から数字に執着していた自分が、素直に楽しいことに打ち込めているのが、素晴らしいことだと感じています。「普通」の人は子どものころから楽しいことを追求していたのでしょうが、私もやっと普通になれたのかもしれません。

それと、私の接客はお客様の心に寄り添うスタイルですが、それが重くなるというのか、深く相手の心に入りすぎるのもいけないような気がしてきました。もう、「サイドライン」の立ち上げくらいから八年か九年も通い続けてくれているお客様もいて、私の接客が特殊なためかほかのお店や女の子にも行きづらいみたいで、そういうお客様はもう私から「リリース」してあげたいなという気持ちもあります。このペースでずっとお金をいただいているとさすがに申し訳ないかなと感じます。

風俗嬢あるあるなんですが、「やっぱりお金出さないと会ってくんないんじゃーん?」とかよく言われるんですけど、逆にこちらからすると「やることやんないと会ってくんないじゃーん」って思います。私はエロいことがなくてもファンのみなさんとつながっていきたいし、普通の人間関係を築けたらいいなと思ってます。

矛盾を抱えてこその人間

業界内では圧倒的な知名度と人気を獲得している私は、ご意見番のような立場を求められることも多くなり、「カンペキで凄い人」と言われるシーンも多くなってきました。なかには「風俗業界への偏見や差別をなくしたいんでしょ?」なんて勝手に大きな目標を背負わされたりすることもあります。

しかし私は、かつて「サイドライン」で挫折した経験もあり、そういう自分が背負いきれないような使命を担うつもりはありません。

私が伝えたいのは、風俗業界で働くことを楽しんでいる人もいる、ということ。「風俗嬢」が卒業するたびに周りは無条件で「おめでとう」と言います。それに、違和感があります。世の中的には、風俗嬢は嫌々働いている女の子「しか」いないと思われがちですが、職業として自ら選択をし、仕事自体を楽しんでいる子もいます。

ＹｏｕＴｕｂｅをはじめてからは、風俗業界で働く女の子から「楽しんでいるって言っていいんだと思えて楽になりました」という声をいただくことも増えて、それがすごく嬉しいです。

ただ、風俗業界で働く人を増やしていこうというモチベーションはない。私は、自分が実体以上の虚像になるのが嫌なんです。

「風俗業界ってキラキラしてて楽しそう、エー、あんなにすごいんだ」みたいなノリでＹｏｕＴｕｂｅはやりたくありません。「枕（営業）もしないのにあんなにボトル入るんだ、すごーい」的なキャバ嬢を神格化するチャンネルもありますけど、いやいや、そうはいっても裏ではいろいろ大変なんでしょ、と思っちゃう。そうした裏のしんどい現実を見せずに、「風俗ってキラキラ」みたいな見せ方は私にはできない。

性病の話とか、危ない局面の話もします。しんどい話を入れて、ちゃんと自分の等身大の姿をさらけだしていく。

私は、人間らしさが愛おしい。私が子どものころに押しつけられた聖書には「隣人を愛せよ」だとか「嘘はつくな」「騙すな」「裏切られても愛せよ」などと綺麗事の言葉が並べられていましたが、その綺麗さが昔から恐ろしかったんです。

とくにいまの世の中では、ネットリンチのように、「やらかしてしまった人」に対するまなざしが厳しすぎると感じています。清廉潔白さばかりを求められる世情ではありますが、人間らしさとは本来、矛盾を抱えてこそのものではないでしょうか。その人間らしさに触れることができる風俗のお仕事（とくにピロートーク）が私は好きで好きでたまりません。

過去にいろいろなインタビューを受けてこういう話を繰り返していると、記事につくコメントには決まって「このお仕事が楽しいなんて病んでる」と書かれます。

そもそも一〇〇パーセント心身ともに健康な人間なんているのでしょうか？

病的な部分こそ人間らしさであり、愛おしいのに。その愛おしさは宗教に馴染めなかった自分を肯定してくれるものだからこそ、なおさらなのかもしれません。

風俗業界に対する偏見は当たり前だと思います。だからといって、石を投げられるのは違うと思います。

付き合ってもいない、そもそも愛し合ってもいない男女が性的な行為をする時点で偏見や嫌悪感を抱く人がいるのは当たり前だとはわかっています。それを覆そうなんてことははなから考えていません。

風俗業界への考え方は、個人個人が感じるもので、思想や宗教と一緒でいい。正しいこととして押しつけることでもない。ただ石を投げつけていいものでもない。

私は私なりにこの仕事にかかわりながら生きていきたいと思います。

「可愛くないくせに」
「スタイルもサービスも普通なのに
何であいつが人気なんだ？」と、
言われ続けた嬢人生です。

そこで、思考停止していては
一生わからない。
何でシャネルやヴィトンが高いのか、とか
そういった類のお話です。

著者略歴

まりてん

1990年愛知県生まれ。妹が亡くなった影響で母親が新興宗教に入信したことで、娯楽や交際が制約されていた、いわゆる「宗教2世」。2009年、美術大学のデザイン学部へ進学。一人暮らしと同時に夜遊びを始める。大学4年生の冬にデリバリー・ヘルス店に入店し、3ヵ月キャストとして勤める。2013年、美術大学を卒業し、広告制作会社にWEBデザイナーとして就職。3年半で退社。これまでの人生で一番楽しかったのは学生時代のデリヘル勤務だったことを思い出し、風俗店を立ち上げることを決意。2016年、25歳の時に激戦区東京・池袋にて風俗店を立ち上げる。池袋西口ホテル街を中心にデリバリー・ヘルスを運営。コンセプトは「副業女子」。あらゆる風俗情報サイトにて池袋のデリバリー・ヘルスアクセスランキング1位を獲得し、会員数5000名以上の店に成長した。2019年3月、経営のストレスから自殺未遂。休養後に大手事業会社に中途社員として就職し、WEBプランナーを務める。2020年より風俗嬢に復帰し、傍らYouTubeチャンネル『ホンクレch―本指になってくれますか?―』を開設。現在登録者23万人突破。

撮影協力　Hotel Times（池袋西口）

聖《せい》と性《せい》

私《わたし》のほんとうの話《はなし》

2025年 1 月 15日　第1刷発行
2025年 6 月 23日　第3刷発行

著　者　まりてん
発行者　篠木和久
発行所　株式会社 講談社
〒112-8001　東京都文京区音羽2-12-21
電話　編集 03-5395-3522
販売 03-5395-5817
業務 03-5395-3615

印刷所　株式会社新藤慶昌堂
製本所　株式会社国宝社

造本装幀　岡　孝治

定価はカバーに表示してあります。
落丁本・乱丁本は、購入書店名を明記のうえ、小社業務あてにお送りください。
送料小社負担にてお取り替えいたします。
なお、この本についてのお問い合わせは、
第一事業本部企画部あてにお願いいたします。

KODANSHA

ISBN978-4-06-538441-1

風俗の帰り道が
虚しくならないように。

もしこの先どこかでお別れを
することになったとしても、
一年後、五年後、一〇年後……
思い返した時に
いい関係だったと思ってもらえるように。

「何であんなことに
お金を使ったんだろう」
ではなく。

あなたと私の
〝後味〟が、
決して虚しいもので
ありませんように。

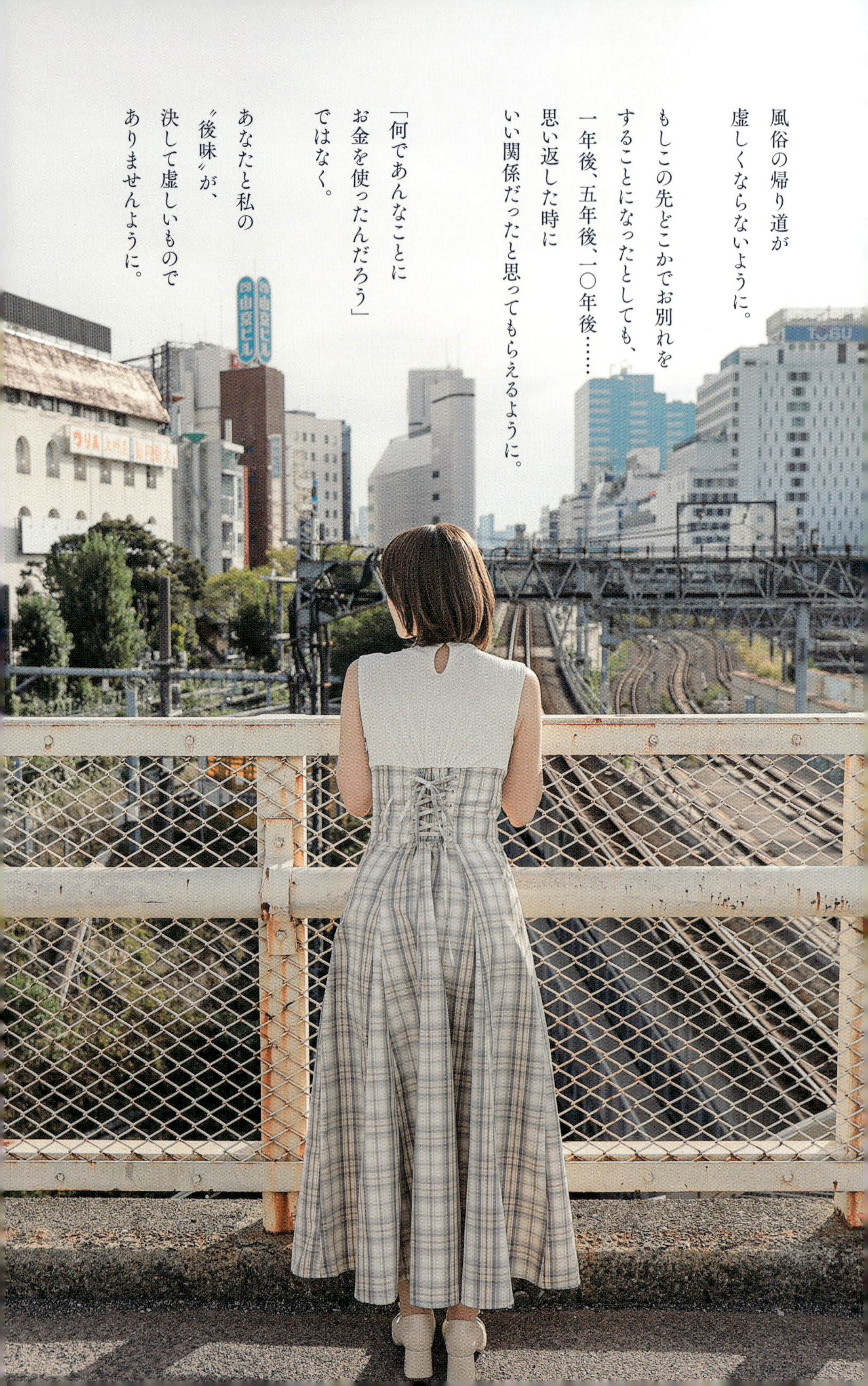

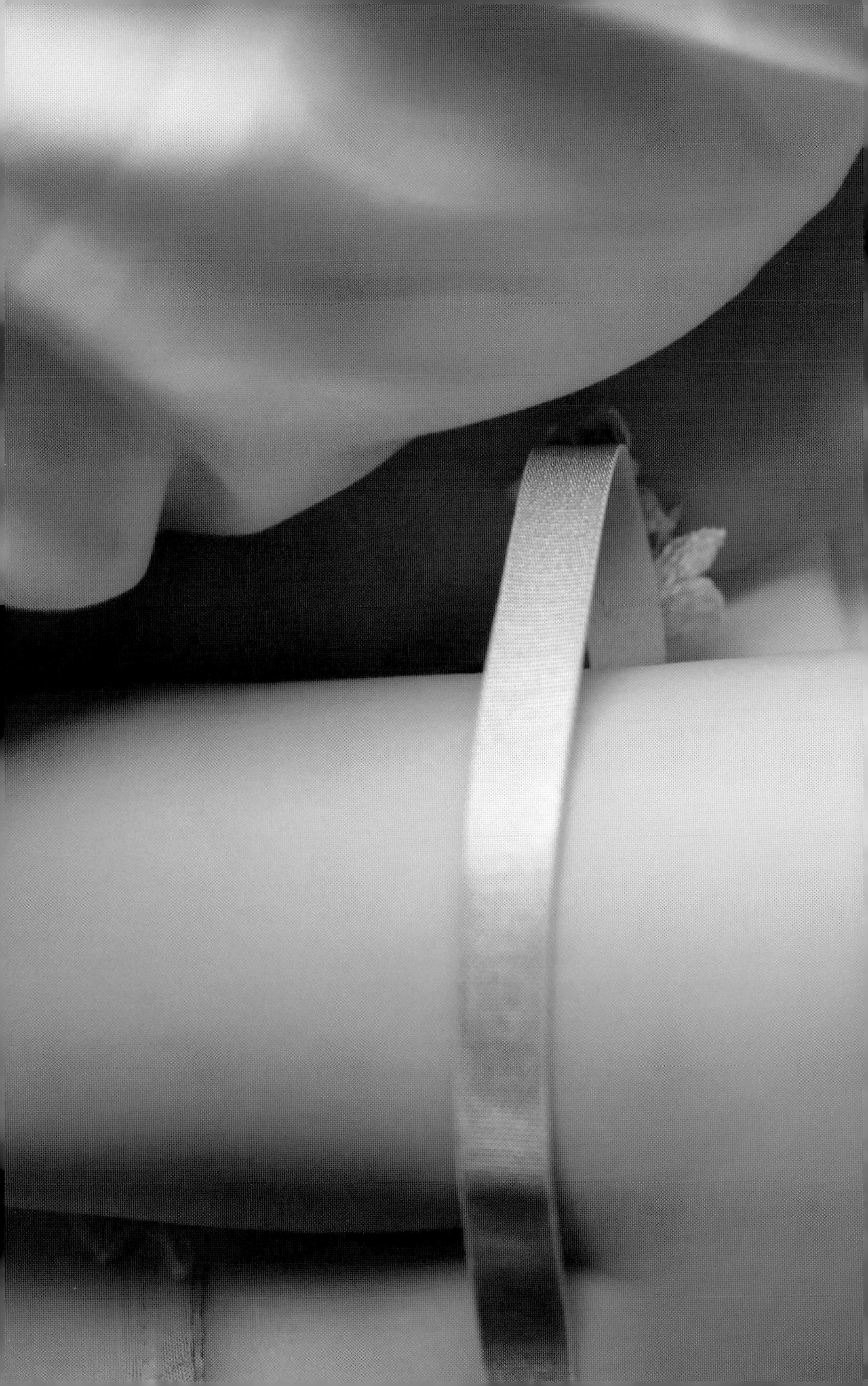